学前教育专业"十四五"规划教材

MEISHU
美术 下

广西美术出版社

主　编	赖　兵	周　倩			
副主编	柯　华	邢飞凌	梁　娴		
编　委	余文砚	苏丽绚	张　敏	李　丹	欧龙明
	童　健	张　喆	关锐琴	吕　艳	陈　斌
	谭惠丹	钟秋红	杨炼里	唐　丽	吴秀娟
	潘能梅	黄　洁	殷沛枫	杨　辉	黄国存
	梁佳好	黄仁谷	林文良	覃平业	蒙　丽
	龚　萍	李冠良	郭珊伶	谭庆梅	廖斌夏
	张　润	黎　燕	谭思聪	李芳芳	黄　琼
	马潇潇	龙春琳	尚天翼	张秀霞	李　琳

图书在版编目（CIP）数据

美术. 下 / 赖兵，周倩主编. — 南宁：广西美术出版社，2021.8
学前教育专业"十四五"规划教材
ISBN 978-7-5494-2389-7

Ⅰ.①美… Ⅱ.①赖…②周… Ⅲ.①学前教育—美术课—幼儿师范学校—教材 Ⅳ.①G613.6

中国版本图书馆CIP数据核字（2021）第130343号

学前教育专业"十四五"规划教材·美术（下）
XUEQIAN JIAOYU ZHUANYE SHISIWU GUIHUA JIAOCAI MEISHU XIA

出 版 人：陈 明	网　　址：http://www.gxmscbs.com
终　　审：杨 勇	邮　　编：530023
图书策划：杨勇 吴雅	电　　话：0771-5840623
责任编辑：吴 雅	印　　刷：广西壮族自治区地质印刷厂
审　　校：马琳 张瑞瑶 韦晴媛 李桂云	版　　次：2021年8月第1版
封面设计：谭 宇	印　　次：2021年8月第1次印刷
版式设计：吴谦诚	开　　本：889 mm×1194 mm　1/16
美术编辑：蔡向明	印　　张：9.5
责任监制：莫明杰	字　　数：140千字
出版发行：广西美术出版社	书　　号：ISBN 978-7-5494-2389-7
地　　址：广西南宁市望园路9号	定　　价：48.00元

本书专有出版权由广西美术出版社所有，未经许可，不得以任何方式复制或抄袭本书的任何部分。

序　言

近年来，我国学前教育事业快速发展，学前教育在整个教育体系和社会发展中的地位得到了较大的提升。人们对于学前教育的认识逐步转到对学前教育质量的追求，专业化的幼教师资队伍是提高学前教育质量的关键因素。教育部于2012年出台的《幼儿园教师专业标准（试行）》对幼儿园教师的专业水平提出了明确的要求，要求幼儿园教师要有"创设有助于促进幼儿成长、学习、游戏的教育环境；合理利用资源，为幼儿提供和制作适合的玩教具和学习材料，引发和支持幼儿的主动活动"的能力。同时，全国逐步开展幼儿园教师资格考试试点工作，进一步加强了对幼儿园教师综合素质与保教能力的考核。作为专业的幼儿园教师，必须有强烈的敬业精神和职业道德，能全面、正确地了解幼儿的美术发展兴趣；能有效地选择、组织美育活动；能利用各种教育资源不断地进行学习，提高相关方面的素质。

本套教材贯彻落实《中共中央国务院关于学前教育深化改革规范发展的若干意见》《教师教育课程标准（试行）》《幼儿园教师专业标准》《学前教育专业认证标准》《关于全面加强和改进新时代学校美育工作的意见》的基本理念，以《3—6岁儿童学习与发展指南》《托育机构保育指导大纲（试行）》为引领，保证了学科的系统性、完整性，体现了知识的科学性和先进性，囊括了学前教育、幼儿保育最前沿的改革、研究成果，又与国家最新的教育政策紧密契合。

本教材严格践行幼儿为本、实践取向、终身学习的教育理念，引领未来学前（托育）教师尊重幼儿权益、遵循幼儿身心发展规律，培养他们热爱教育事业、具有职业理想、认真履行学前教师职业道德规范的优秀品质。

全套教材分为上下两册，包括绘画、手工、设计三大内容15个训练模块，增加操作与实训部分的内容，力求建立基础理论与实践相结合的美术教育模式，教学内容丰富详实，符合学前教育专业学生学习需求。教材内容使用了大量的图例，这有益于促进学生对概念方法的理解。本套教材帮助学生在学习过程中打下良好的美术基础，同时培养和提高学生的自我能动性和实践能力。

美术基础课程作为学前教育、幼儿保育专业学生的专业必修课，它是学前教育、幼儿保育专业课程体系的重要组成部分和基础保障，对提高学生综合素质和专业水平具有重要的意义和作用。本套教材的教学内容，是在对幼儿园教学情况进行了充分调研的基础上，按照幼儿园教师对美术技能的运用程度选定的，充分体现了理论性与应用性相结合的特点。

目录

第一模块　纸工

训练一　认识纸工	1
训练二　剪纸、撕纸、染纸	2
一、剪纸	2
二、撕纸	9
三、染纸	11
四、剪纸、撕纸、染纸在幼儿园教学活动中的应用	13
训练三　纸贴画	15
一、纸贴画的表现特点	15
二、纸贴画的制作方法	15
三、纸贴画的种类	16
四、各种类型纸贴画的制作	17
五、纸贴画在幼儿园教学活动中的应用	23
训练四　折纸	25
一、基本折法	25
二、各种折纸作品的折法步骤	27
三、折纸在幼儿园教学活动中的应用	34
四、折纸技法拓展	35
训练五　纸雕塑	38
一、纸雕塑的基本技法	38
二、纸浮雕的制作方法	39
三、衍纸	41
四、纸圆雕的制作方法	44
五、纸雕塑在幼儿园教学活动中的应用	47

第二模块　泥工

训练一　泥工的基本技法与基本造型	49
一、泥工概述	49
二、工具和泥料	50
三、泥工的基本技法	52
四、泥工的肌理表现	54
五、泥工的基本造型	56
六、泥工的应用	60

第三模块　布艺

训练一　认识布艺	63
训练二　布艺表现技法	64
一、常用针法	64
二、布艺制作方法	67
训练三　布艺的应用	71

第四模块　编织

训练一　认识编织	73
训练二　表现技法	74
一、绕线编织——葡萄绕线画	74
二、经纬编织——创意织锦图案	75
三、纸藤编织——收纳篮、收纳盒	76

四、结艺——挂件、饰品　　　　　　　78

训练三　编织的应用　　　　　　　　　　83

第五模块　综合材料

训练一　认识综合材料手工　　　　　　　85

训练二　表现技法　　　　　　　　　　　86

　　一、以纸材为主要材料的表现技法　　　87

　　二、以泡沫为主要材料的表现技法　　　88

　　三、以塑料为主要材料的表现技法　　　89

　　四、使用多种类型材料的表现技法　　　90

训练三　综合材料手工作品的应用　　　　91

　　一、综合材料手工作品在幼儿园环境创设中的应用　91

　　二、综合材料手工作品在幼儿园教学中的应用　　92

第六模块　幼儿园玩教具设计与制作

训练一　幼儿园玩教具设计概述　　　　　95

　　一、玩教具种类　　　　　　　　　　　95

　　二、自制玩教具的设计原则　　　　　　95

训练二　五大领域玩教具设计与制作　　　97

　　一、健康活动玩教具　　　　　　　　　97

　　二、语言活动玩教具　　　　　　　　　100

　　三、科学活动玩教具　　　　　　　　　107

　　四、社会活动玩教具　　　　　　　　　114

　　五、艺术活动玩教具　　　　　　　　　117

第七模块　环境创设

训练一　认识环境创设　　　　　　　　　119

　　一、概述　　　　　　　　　　　　　　119

　　二、环境创设的设计原则　　　　　　　120

训练二　环境创设的常用表现形式　　　　122

　　一、陈列式　　　　　　　　　　　　　122

　　二、拼贴式　　　　　　　　　　　　　122

　　三、悬挂式　　　　　　　　　　　　　123

训练三　环境创设的思路及制作方法　　　124

　　一、确定主题　　　　　　　　　　　　124

　　二、选择表现手法　　　　　　　　　　125

　　三、活动室环境创设过程　　　　　　　128

训练四　环境创设的分类及特点　　　　　131

　　一、活动室墙面创设　　　　　　　　　131

　　二、活动区域分配　　　　　　　　　　138

　　三、室外装饰环境创设　　　　　　　　141

第一模块 纸工

🔊 **训练描述：**

在了解各种纸材料的质地和肌理效果的前提下，合理运用、充分发挥各类型纸材的特性。掌握纸工造型要素，学习纸工的规律和制作技法。运用学会的纸工造型规律来学习表现生活中及幼儿园相关领域的手工制作活动。

🔊 **训练目标：**

通过纸工的学习，掌握一定的纸工设计技巧、制作规律和制作技能。具备独立的造型实践能力，并且能将学到的纸工知识、技能运用到学前儿童手工教育或其他领域的教育实践中。

🔊 **训练要求：**

要求学习者要有目的地学习常用的手工知识和技能，更重要的是在学习过程中要注意学方法，善于思考，能做到在材料选用上、造型装饰上、操作技能上有举一反三、触类旁通的能力。

训练一 认识纸工

具体来说，纸工是指以双手"做"为主，借助工具，按照一定的构思和工艺程序对纸质材料进行加工改造，创造出具有实用或观赏价值的手工制品的造型活动。

纸造型的种类很多，一般我们可以根据作品呈现的空间形态把它们分为平面纸工和立体纸工，所用的工具和材料可根据不同的制作种类进行选择。

纸工的制作材料主要以不同种类、颜色、质地的纸为主。如皱纹纸、植绒纸、蜡光纸、玻璃纸、吹塑纸、泡沫纸、双面彩色纸、卡纸、瓦楞纸、皮面纸、拉伸纸、铜版纸、包装纸等。所使用的工具一般有剪刀、刻刀、美工刀、尺子、圆规、乳胶、透明胶、双面胶等。（图1-1至图1-3）纸工的制作手段也多种多样，常用剪、切、折、撕、染、贴、卷、揉、插接、编织、重构等手段造型。（图1-4、图1-5）

图 1-1

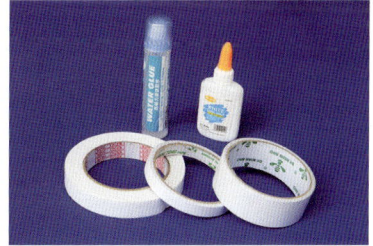

图 1-2

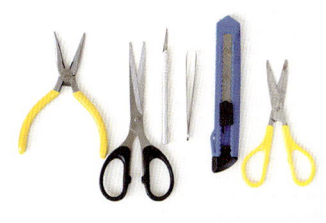

图 1-3

图 1-4

图 1-5

训练二 剪纸、撕纸、染纸

一、剪纸

剪纸是我国民间传统艺术品种之一。其因材料简易，作品风格单纯质朴、美观大方，既有趣味性，又有装饰性和实用性而受到人们的广泛喜爱。剪纸在民间经过千百年的传承、发展和创新，形成了具有不同地域特色、各种民族风格、形态各异、内容丰富的中国特色民间工艺。

（一）剪纸的表现

五彩缤纷的色纸，搭配变化无穷的图案，就能创造出美妙奇特的剪纸。折叠、裁剪，最后展开，利用纸和剪刀这些简单易找的材料工具，再花上一点时间和创意，将自己发现的、思考到的设计加以实践，就能剪出漂亮的作品。很多人觉得，剪完之后打开纸的那一瞬间最令人期待，这也是剪纸之所以吸引人的特性之一。（图1-6至图1-11）

（二）基础折叠的方法

图1-6　　　　图1-7

图1-8　　　　图1-9

图1-10　　　图1-11

1. 三角形

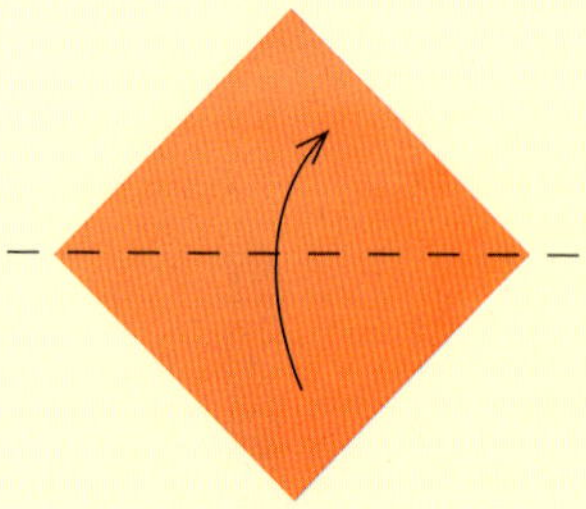

（1）把正方形纸对角折成三角形。 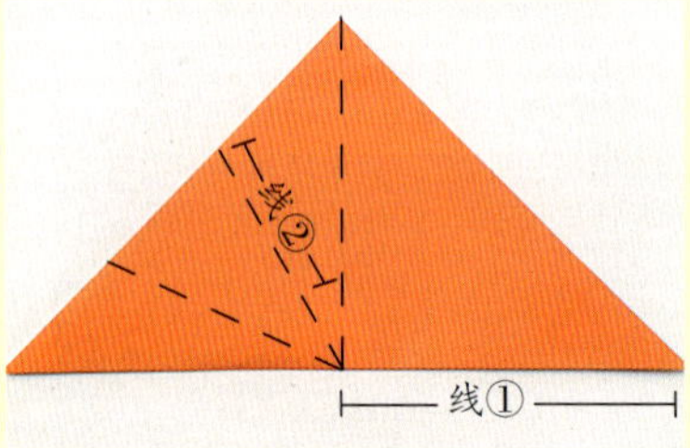
（2）以三角形下方的中心点为顶点。 
（3）线①向左上折对齐线②。 
（4）翻面，同上步。 
（5）沿线剪下。 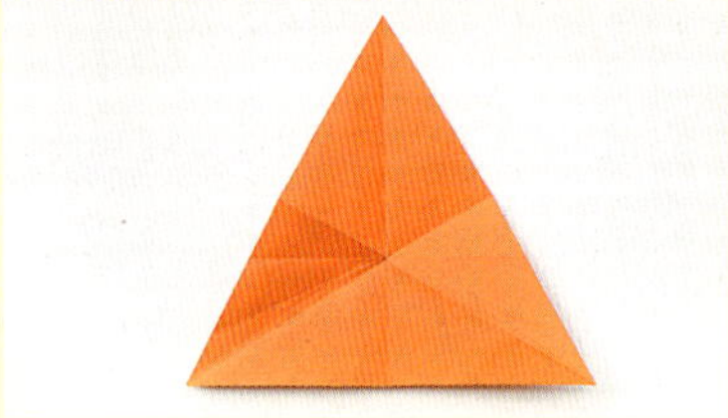
（6）剪后展开为三角形。

（7）折剪花纹后的成品效果。

2. 五边形

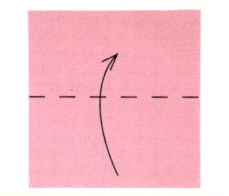 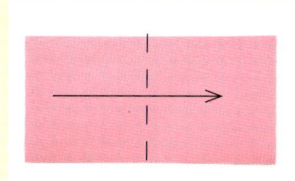 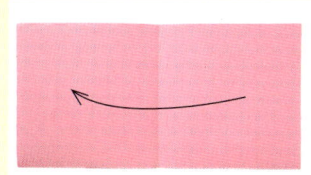 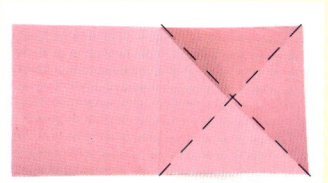

（1）把正方形纸对边折。　　（2）再横向对边折。　　（3）展开。　　（4）在中折印痕的右侧沿对角线折，留下折痕。

（5）左下角向交叉印痕处折合。　　（6）按图向内折。　　（7）按图折起右下角。　　（8）按图再次向外翻折。

（9）沿边线剪下。　　（10）展开，完成五边形纸的折剪。

3. 六边形

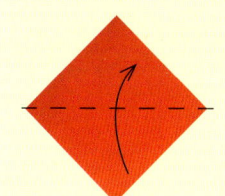 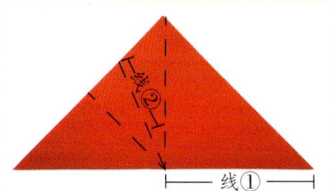 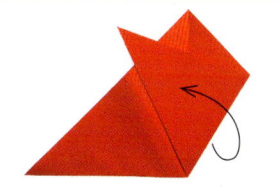 

（1）把正方形纸对角折。　　（2）以三角形下方的中心点为顶点。　　（3）线①向左上折对齐线②。　　（4）翻面，同上步。

  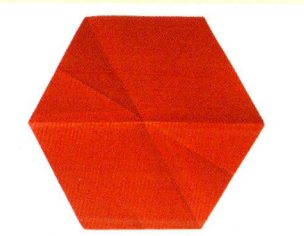

（5）沿此线剪下。　　（6）剪出三角形。　　（7）展开为六边形。

（三）剪纸的制作方法

1. 一般步骤

首先，选出喜欢的样式，将纸折成那款样式的形状。

然后，用铅笔在折好的纸上画设计好的图案。（如是单面色纸，要记得把设计图画在无色的一面，有色的一面往里折）

接下来，根据画好的图案，用剪刀和美工刀进行剪切。先用美工刀处理封闭线条的镂空部分，再用剪刀的根部进行交叉点、外轮廓的裁剪。

2. 要注意的手法技巧

（1）需要改变裁剪方向或剪切角度时，要通过转动纸张来完成，而不是转动剪刀。

（2）使用美工刀时，一旦插入刀尖后要朝着自己的方向纵向拉伸裁切，一气呵成。

（3）剪夹角时应从左右两边朝着交点剪，如拐角部分没有完全剪断时，可用美工刀的刀尖小心切出角度，万不可硬撕拽纸张。

3. 剪纸纹样拓展

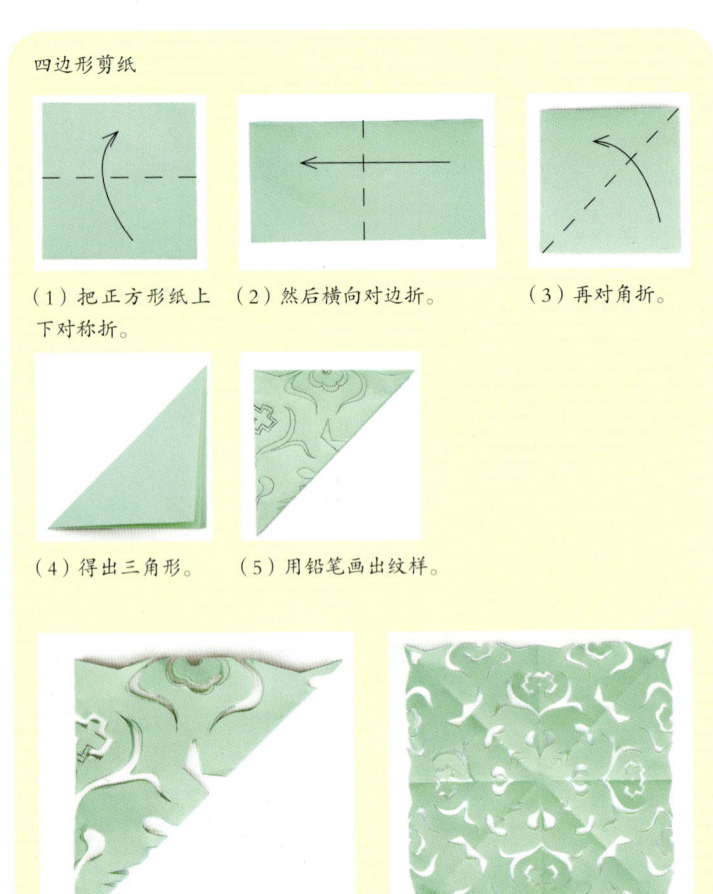

四边形剪纸

（1）把正方形纸上下对称折。
（2）然后横向对边折。
（3）再对角折。
（4）得出三角形。
（5）用铅笔画出纹样。
（6）用剪刀沿画痕剪出纹式。
（7）展开呈四边形的折剪。

花边状剪纸

（1）准备好长方形纸。 
（2）对边折两次。 
（3）用铅笔画出纹样。 
（4）用剪刀沿画痕剪出纹式。

（5）完成后展开呈花边状条纹。

第一模块 纸工

范例欣赏

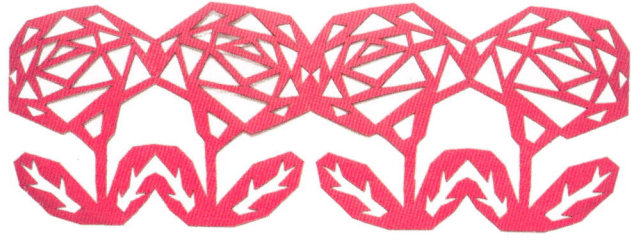

赵娜　　　　赵娜　　　　　　　　　赵娜

钟秋红　　　　赵娜　　　　　林丹丹

5

刘莉　　　　　　　刘莉

黄珍珍、凌秀秀　　庞晓丹

（四）剪纸的多样性表现
1. 活动挂件的制作方法

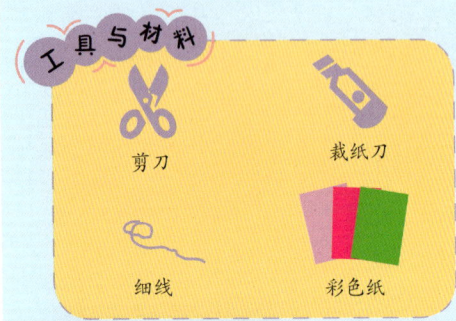

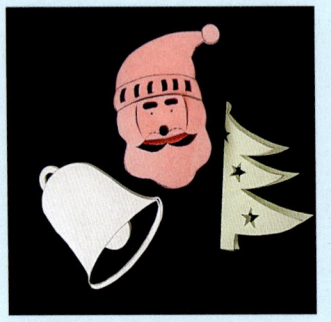

（2）沿画好的画痕进行剪刻。

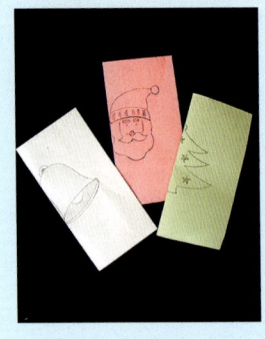

（1）分别将三张彩色纸对折，并在折好的一面画上图案。

（3）剪刻好后展开。

（4）用细线将剪纸串起，完成。

2. 立体卡片的制作方法

工具与材料：剪刀、裁纸刀、固体胶、彩色纸、卡纸

（1）把长方形的纸片如图风琴折。

（2）在其中一边再折出约0.5cm宽的胶水粘贴区。

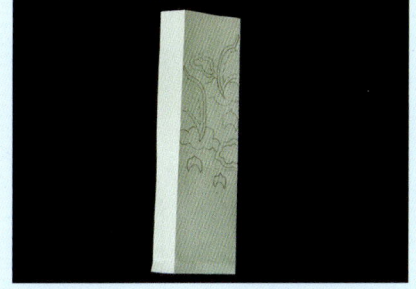
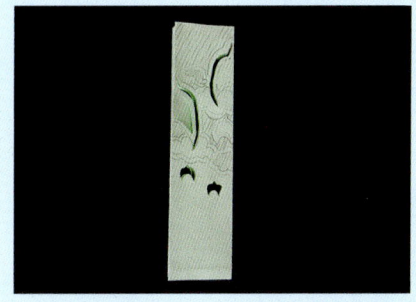

（3）在折出的长方形的一面画出图案。

（4）按图案进行剪刻，要剪刻成镂空的地方可以用阴影线做好标记。

（5）剪刻好后将纸展开。

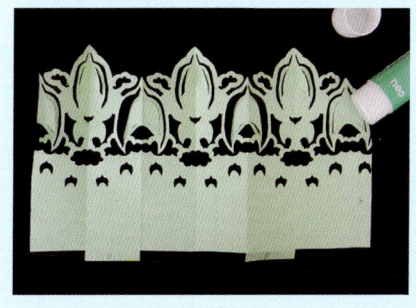
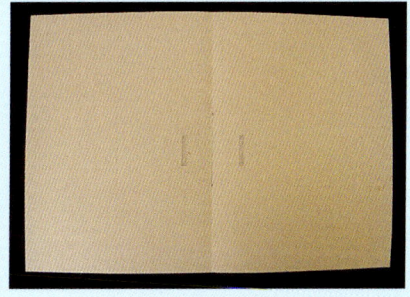

（6）如图保留出下端的粘贴区，其余的剪掉，在粘贴区涂上胶水。

（7）把卡纸对折出中线，量好立体剪纸的底部并画出粘贴位置。

（8）将立体剪纸粘在卡纸的粘贴区上，完成作品。

技能训练

课堂练习：分别设计剪制三角形、四边形、五边形、六边形的剪纸纹样多幅。

课外练习：运用剪纸的手法，剪制立体卡片和纸质活动挂件各两个。

训练目的：鼓励学生大胆设计剪制多种造型的剪纸作品，使学生在练习中逐步掌握各种工具的使用方法，表现出不同的剪纸纹样效果。

范例欣赏

二、撕纸

撕纸是不借助任何工具，只用双手撕制的一种造型形式。这种形式在开发幼儿的思维力、想象力、创造力的同时，也锻炼了其手指的灵活性。

我们应该选择易于折叠和撕开的纸作材料，如宣纸、红纸、薄的彩色纸，也可选择挂历纸、包装纸等有花色纹样的纸张，把其中适合的色彩部分撕制成相应的造型。（图1-12）

撕纸的制作方法：（图1-13至图1-17）

1. 折叠

根据构思先把纸折叠好，可采用"剪纸"中所讲到的基础折叠方法。（有些撕纸造型不需要折叠）

2. 起稿

用铅笔在纸上画出设计好的纹样线。

3. 撕纸

撕纸时左手拇指和食指沿图形线捏紧，右手拇指和食指对准左手拇指和食指沿图形线撕。撕时动作要稳，要尽量准确地沿着图形线慢慢撕，不宜用力过大。

撕纸不要求撕出的边缘线整齐匀称，就因为边缘线自然地出现参差不齐的效果，才使撕纸作品显得粗犷大气、富有神韵。

技能训练

课堂练习：分别设计撕制四边形、三角形、各种独立造型、花边纹样等撕纸作品多幅。

课外练习：运用所学的撕纸内容，到幼儿园或小学开展课外志愿者教学活动，进行教学实践训练。

训练目的：鼓励学生大胆设计撕制作品，使学生在练习中逐步掌握撕纸的表现手法，创作出不同的纸质手工作品。

图1-13　　图1-14

图1-15　　图1-16

图1-17

范例欣赏

学前教育专业"十四五"规划教材 美术（下）

李彩云

李 冰

三、染纸

染纸因其展开前的自由印染和展开后色彩斑斓的效果，深受儿童的喜爱。

染纸的制作方法：（图1-18至图1-27）

1. 构思

在脑中预先设想一下要染成什么形状，用哪些颜色，如何折叠纸张。

2. 进行折叠

折叠的方法很多，主要有井字格、田字格、米字格及辐射状、折扇状等，不同的折叠方法会染出不同的效果。此外还有卷搓、任意折叠、揉纸团等多种自由的方式。

3. 染制

常用的染制方法有渍染和点染。渍染就是将折好的纸插入调好的颜料中，让纸自动吸色。点染就是用笔蘸色在纸上点。这两种方法经常结合使用。有时为了达到色彩有深浅变化和自然渗透过渡的效果，我们会用清水点已染色的地方，清水使色泅向四方散开，显出深浅不一的色斑，使作品颜色更丰富生动。

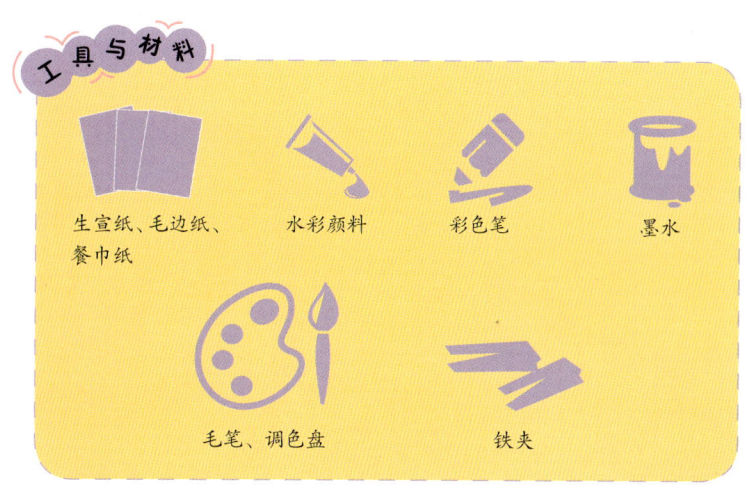

> **技能训练**
>
> 课堂练习：用染制的手法创作染纸作品多幅。
>
> 课外练习：运用所学的染纸内容，到幼儿园或小学开展课外志愿者教学活动，进行教学实践训练。
>
> 训练目的：鼓励学生大胆设计染制多种形式的纸质作品，使学生在练习中逐步掌握染纸的表现手法，创作出不同的纸质手工作品。

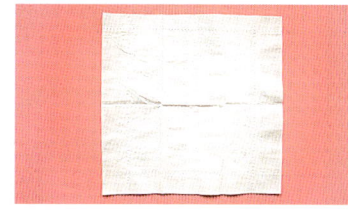

图1-18

图1-19

图1-20

图1-21

图1-22

图1-23

图1-24

图1-25

图1-26

图1-27

范例欣赏

四、剪纸、撕纸、染纸在幼儿园教学活动中的应用

剪纸、撕纸、染纸都是简单的手工操作活动，无论是徒手操作还是简单工具的使用，都能促进幼儿手部精细动作的协调发展。而且在活动中，幼儿可以通过手工特有的造型语言表达自己的审美情感，对发展幼儿的观察、想象、创造、操作等综合能力起到了促进作用。

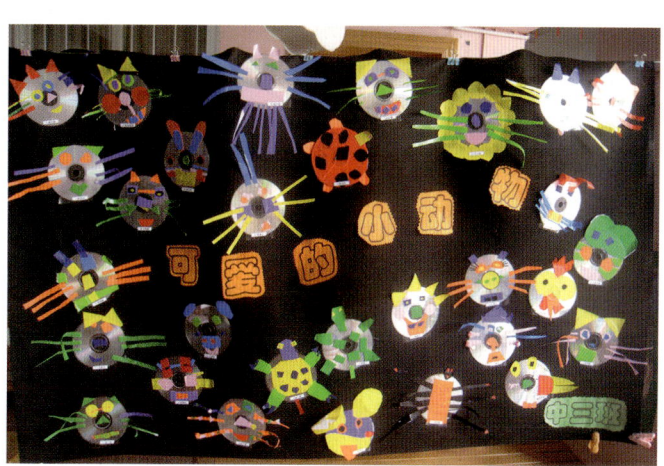

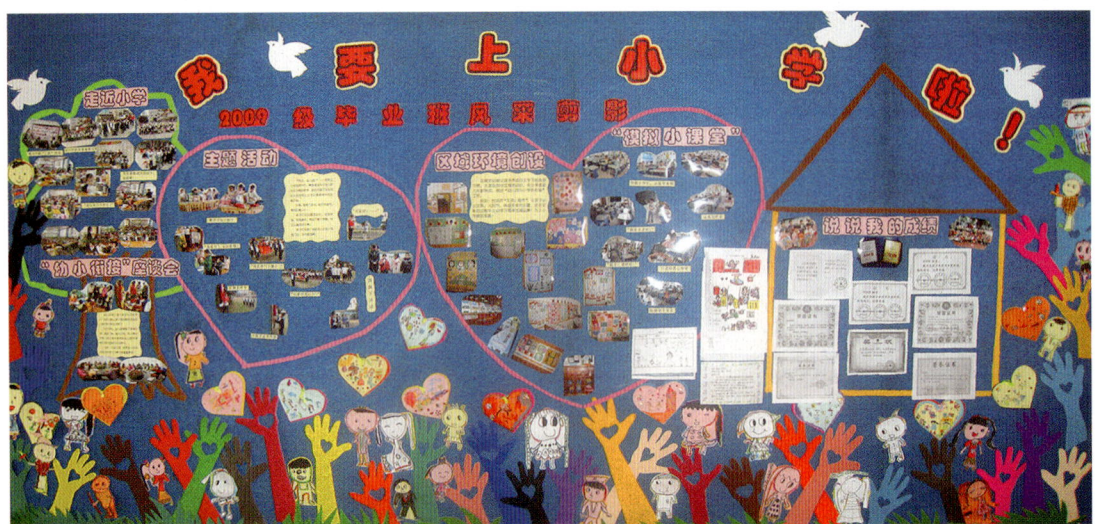

训练三 纸贴画

一、纸贴画的表现特点

纸贴画是运用手工制作或工具剪裁得出基础造型，然后将其形按主题和构图的规律粘贴在底板上制成的一幅完整的、具有装饰性美感的纸艺术作品。纸贴画在形象的处理上追求简洁、概括，在手法上追求夸张、变形，在色彩上要求和谐统一、美观大方。

纸贴画的表现特点主要是把不同纸质的美感通过适当的造型手段在粘贴的美术作品中体现出来。纸贴画所使用的材料极其广泛，有彩色纸、各色卡纸、泡沫纸、拉伸纸、植绒纸、各色电光纸、皮面纸等纸质类，还可以适当运用碎布、树皮、毛线、旧报纸等废弃物来点缀画面。材料如此多样化，使纸贴画呈现出丰富多彩、别具一格的作品效果。

工具与材料

二、纸贴画的制作方法

（一）构思草图（图1-28）

好的构思是一幅完美作品的基础。我们首先应该考虑自己想制作什么内容的纸贴画，然后设计作品里所需要的形象，用铅笔把自己的想法先勾勒出来，画好图稿。

（二）选择材料（图1-29）

根据设计中所预想的效果，选择适当的材料来进行加工。在此过程中要考虑到材料本身所特有的质感，要合理运用，画面中色彩搭配的整体效果也必须考虑。

（三）剪制基础造型（图1-30、图1-31）

先用拷贝纸把设计好的造型勾勒在选好的底板纸上备用，然后按预先设计的思路分别把造型的各个部分在不同的纸材上勾好并剪切下来。

（四）粘贴（图1-32至图1-34）

把剪切好的各部分造型按设计稿的要求分别粘贴到勾好构图的底板上的相应位置。在粘贴的过程中要明确各个局部的先后顺序和各细节的层次感。

（五）装饰整理画面（图1-35）

所有造型粘贴完成后，我们从画面的整体效果入手做最终的调整，如色彩搭配上的局部调整，细节装饰上的适当添加等等，使画面呈现既美观又生动的完整效果。

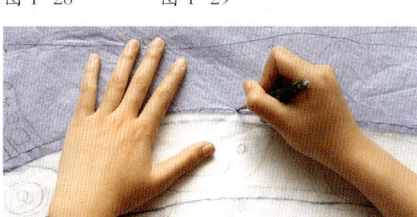

图1-28　　　图1-29

图1-30

图1-32

图1-31

图1-33

图1-34

图1-35

李书毅

三、纸贴画的种类

剪纸贴画、撕纸贴画：是指使用各种质地的纸张，例如卡纸、海绵纸、皱纹纸等作为主要制作材料，剪制而成或撕制而成的拼贴画。

优点：材料普及，容易裁剪、粘贴。

布艺纸贴画：是指使用棉布、麻布等纺织物材料作为辅助制作材料制作成的拼贴画。

优点：效果美观，能表现出较强的立体感和画面层次感，装饰性强。

印刷品纸贴画：是指使用各种类的印刷品，例如旧杂志、旧报纸、旧挂历等作为主要制作材料做成的纸贴画。

优点：材料普及，容易裁剪、粘贴，视觉效果好。

综合材料纸贴画：是指使用多种类别的材料，例如花布、彩纸、亮片、纽扣、毛线、废弃材料等作为辅助制作材料做成的拼贴画。

优点：通过各种不同材质的材料的运用，可以创造出丰富多彩的画面肌理效果，作品装饰性强。

四、各种类型纸贴画的制作

1. 撕纸贴画

（1）准备好工具与材料：
剪刀、双面胶、白乳胶、马克笔、卡纸、海绵纸、拉伸纸、彩色包装纸等。

（2）用笔在卡纸上勾勒出图案。

（3）选用彩色包装纸撕制出鱼的身体造型，并将其粘贴在卡纸底板上所勾勒好的轮廓上。

（4）用海绵纸做出鱼的眼睛并将其粘贴在鱼的头上。

（5）用海绵纸和拉伸纸撕制出水草并将其粘贴在底板上，装饰完成撕纸贴画。

2. 综合材料纸贴画

（1）准备好工具和材料：剪刀、双面胶、白乳胶、马克笔、卡纸、海绵纸、不织布、彩色黏土、收集的落叶等。

（2）构思草图，用马克笔把自己的想法先勾勒出来，画好图稿。

（3）选择适当的材料来进行加工，用海绵纸做底板，分别把设计好的造型的各个部分在不同的纸材上勾好并剪切下来。把剪好的长颈鹿的轮廓粘贴到底板上。

（4）用不织布剪裁长颈鹿身体上的花纹，用彩色黏土制作长颈鹿的脚趾和嘴巴，将它们分别粘贴在相应的位置上。

（5）把准备好的树叶按设计稿的想法粘贴到底板上相应的位置。

（6）粘贴完成后，从画面的整体效果入手做最终的调整，如搭配上撕制的小草等，使画面呈现既美观又生动的完整效果。

3. 印刷品纸贴画

张秀霞

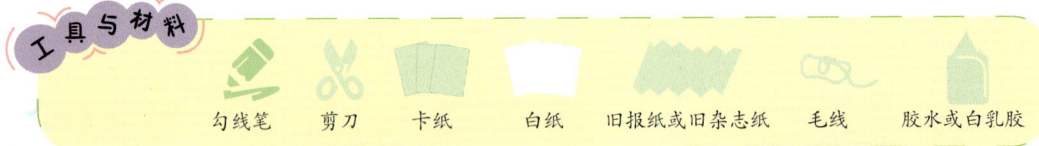

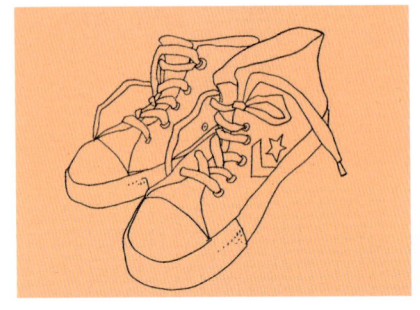

（1）用勾线笔在卡纸上画出鞋子的轮廓。

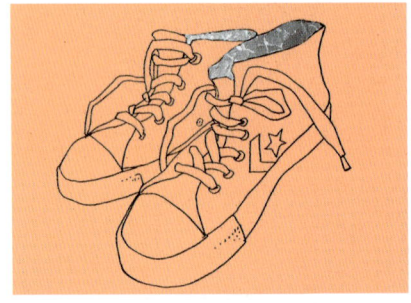

（2）用撕下的碎纸片拼贴鞋子的里部。

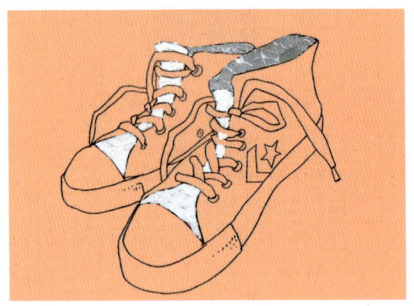

（3）用撕碎的白纸拼贴鞋子的鞋舌。

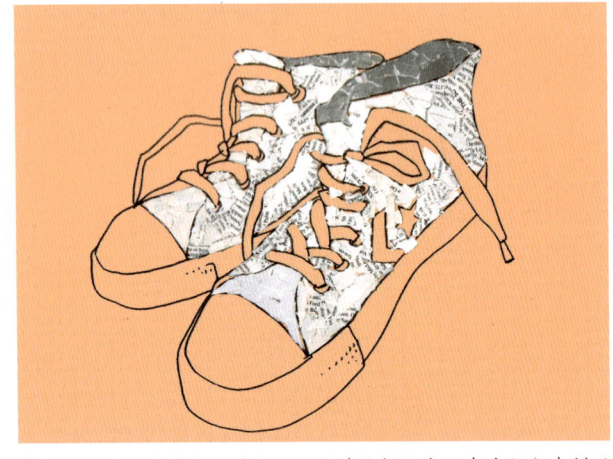

（4）用撕碎的英文报纸（也可以用其他报纸或旧杂志纸）来拼贴鞋面。

（5）用撕碎的深色纸拼贴鞋头和鞋底边，用毛线粘贴出鞋带。

4. 布艺纸贴画

张秀霞

（1）用马克笔画出女孩的轮廓。

（2）用包边法做出女孩的头部，将毛线（金色或其他色）粘贴成女孩的头发并用彩带做蝴蝶结。

（3）用包边法做出各种花纹的气球，并将之有序地粘贴在背景上。

（4）用花布（格子或其他图案）剪出女孩的连衣裙和袜子。

（5）用布裁剪出手臂，用马克笔画出女孩的眼睛和嘴巴。

范例欣赏

苏舒婷

黄雅露

黄孝寰

廖卿妤

陈彩玉　黄艳英　欧阳帆

黄凯慧

赵丽娜　刘伟秀

封静文　谢　红　韦玉绸

廖春妃　张银娜　李　冰

崔美艳　庞英珊　李彩云

黄梦香　黄丽华　王春燕

刁培园

周雅琳　韦江贤　潘姿秀

龚　萍

淡冬妮

刘兆华

罗燕华

学前教育专业"十四五"规划教材 美术（下）

孙秀霞

余咏莹

朱建婵

廖万莉

技能训练

课堂练习：设计完成一幅纸贴画，内容不限，要求构图完整，造型设计新颖，各种材料应用合理，整体色感协调美观，粘贴制作精美完整。

课外练习：用纸贴画的形式为板报设计制作一幅插图。

训练目的：鼓励学生大胆构思多种类型的纸贴画作品，使学生在练习中进一步了解各种材料的质地特性，能合理运用各类材料，逐步熟练掌握各种手工工具的使用，制作出精美完整的纸贴画作品。

廖珍连

黄小棉

廖珍连

五、纸贴画在幼儿园教学活动中的应用

纸在我们的生活中极为常见，将种类各异的纸张和其他各式的材料进行巧妙的构思、合理的加工，就会创作出既有装饰趣味又能用于教学的实用纸贴画作品。我们要把学到的纸贴画知识和操作技能运用到学前教育实践中去，把幼儿园环境创设和直观教学结合起来，有效地促进幼儿身心健康发展。

黄 潇

训练四　折纸

折纸是一种较适合低龄儿童的玩纸游戏,因造型多、有立体感、可以把玩而深受孩子的喜爱。

折纸的过程是一个培养幼儿的注意力、观察力、理解能力、动手实践能力的过程,折纸不仅能促进儿童手指的灵活性,也能促进儿童智力的发育,是幼儿园美术教学活动中必不可少的内容。折纸材料种类很多,一般我们会准备颜色丰富、容易折叠的纸张。(图1-36)如:双面彩色纸、闪光纸、印花纸等,要根据不同的作品选择厚薄适当的纸张。纸张的大小一般与手掌相当是最容易折叠的,因此裁剪成边长为12 cm—15 cm的正方形折纸较适合使用。

图1-36

一、基本折法

（一）先记住这些折法名称吧

1. 对边折
2. 对角折
3. 左右两角向中线折
4. 向内翻折
5. 向外翻折
6. 折双三角形
7. 折双正方形

（二）折得漂亮的小诀窍

1. 折叠时边与边对齐,角与角对齐。
2. 折叠之后,用手指将印痕紧紧地压一遍。

对边折　　　对角折　　　左右两角向中线折

向内翻折

（1）找一三角形角边沿虚线折。
（2）先折出完成时的形状。
（3）暂时展开,沿印痕向外折。
（4）中间部分用手指向内压折。
（5）折成原来的形状。

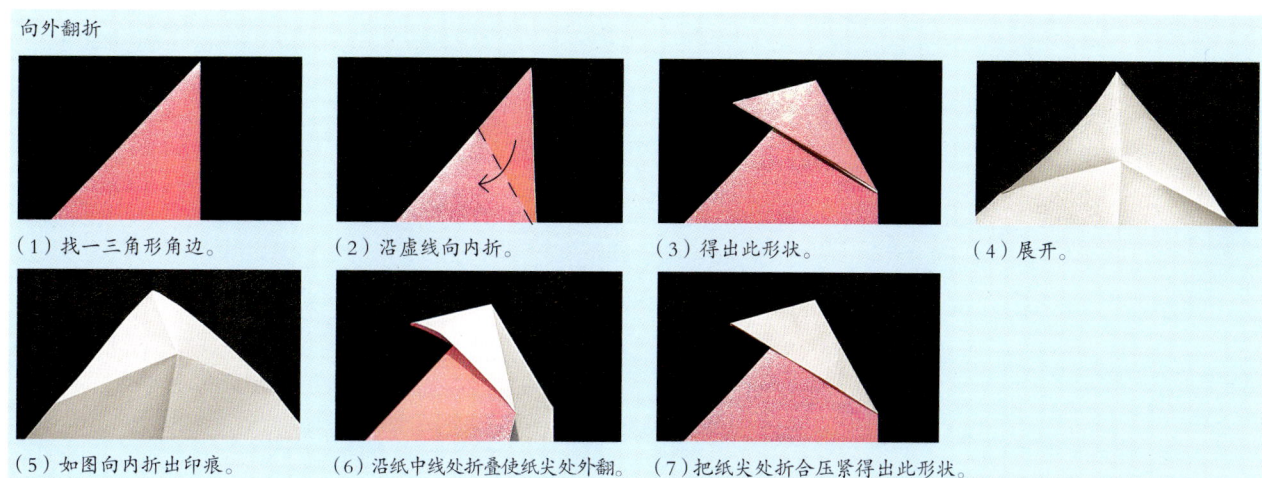

向外翻折

（1）找一三角形角边。
（2）沿虚线向内折。
（3）得出此形状。
（4）展开。
（5）如图向内折出印痕。
（6）沿纸中线处折叠使纸尖处外翻。
（7）把纸尖处折合压紧得出此形状。

折双三角形

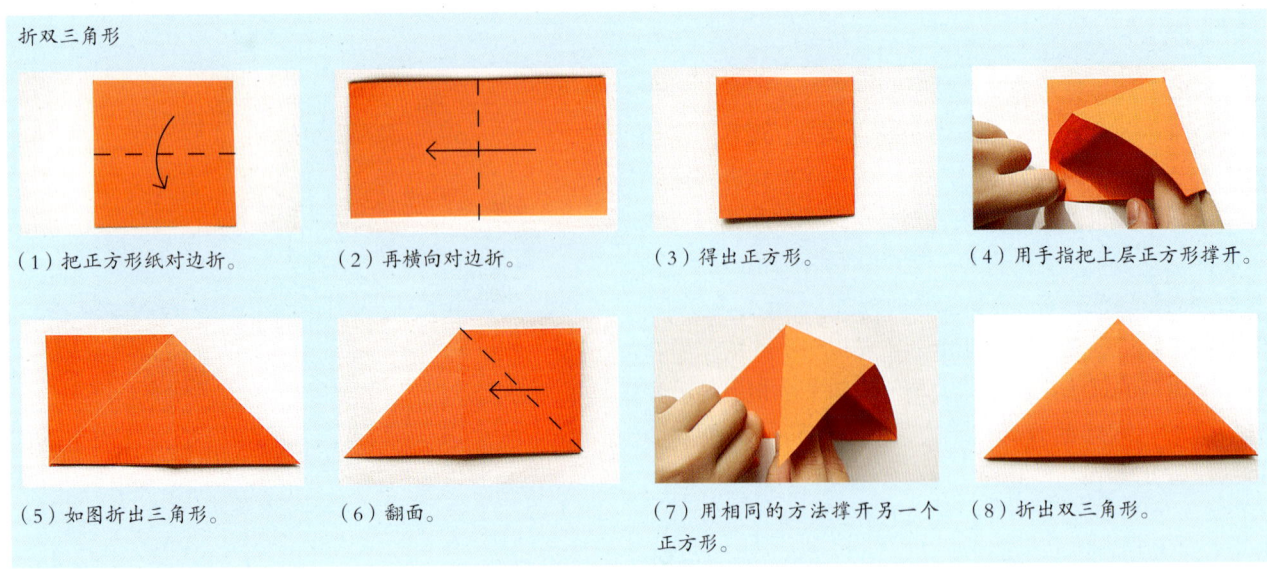

(1) 把正方形纸对边折。
(2) 再横向对边折。
(3) 得出正方形。
(4) 用手指把上层正方形撑开。
(5) 如图折出三角形。
(6) 翻面。
(7) 用相同的方法撑开另一个正方形。
(8) 折出双三角形。

折双正方形

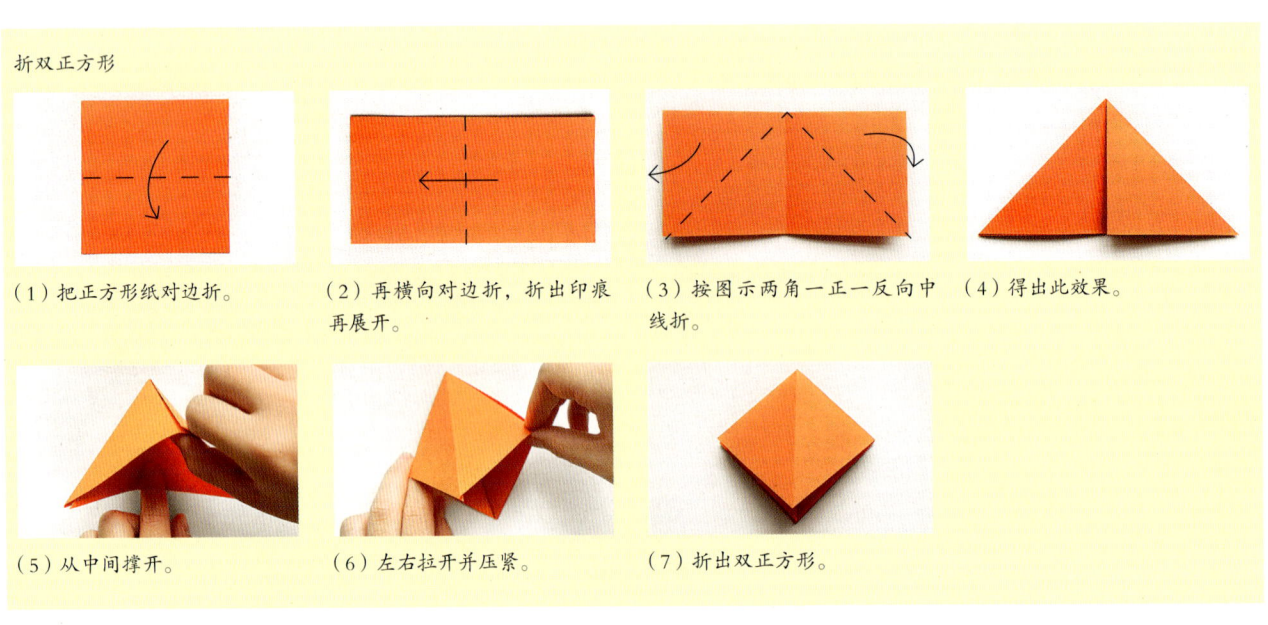

(1) 把正方形纸对边折。
(2) 再横向对边折,折出印痕再展开。
(3) 按图示两角一正一反向中线折。
(4) 得出此效果。
(5) 从中间撑开。
(6) 左右拉开并压紧。
(7) 折出双正方形。

折得漂亮的小诀窍

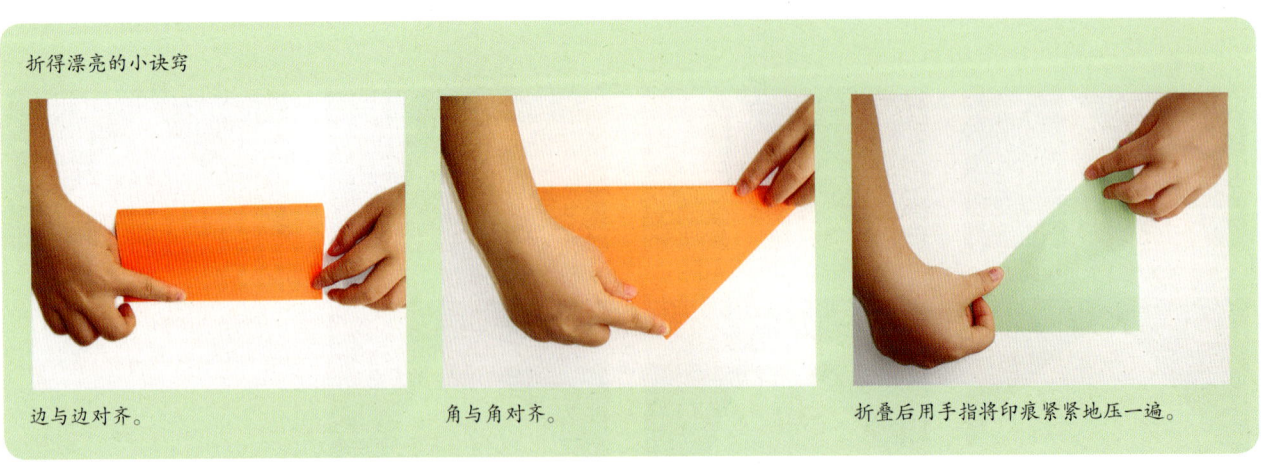

边与边对齐。
角与角对齐。
折叠后用手指将印痕紧紧地压一遍。

二、各种折纸作品的折法步骤
（一）折纸动物
1. 气球小兔

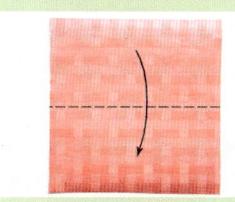
（1）把一张正方形彩纸上下对折。

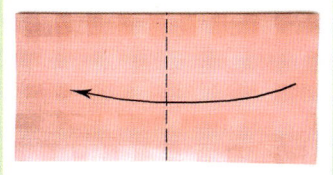
（2）再横向对折。

（3）得出正方形。

（4）用手撑开。

（5）折叠成三角形。

（6）翻面，方法同上，折出三角形。

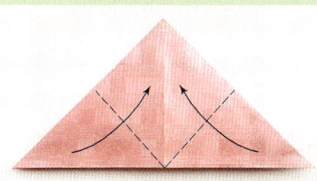
（7）把双三角形上层的下方两个角如图往上折。

（8）把菱形的左右两角如图向内折。

（9）把上面的角如图向下折。

（10）上方得出两个三角形。

（11）将上方的三角形如图插入左右三角形的内侧。

（12）得出此效果。

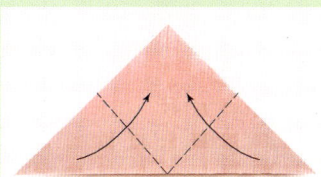
（13）翻面，左右两角如图向上折。

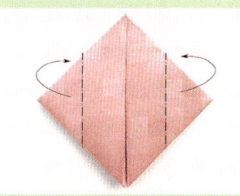
（14）左右两侧的角向后翻折到前后的夹层内。

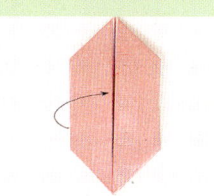
（15）得出此效果。

（16）斜着向两侧折叠出耳朵。

（17）从嘴巴处吹气。

（18）整理外形，完成。

2. 美丽的金丝雀

（1）将正方形纸对角折后展开。

（2）翻面。

（3）沿印痕与中心线对齐折叠。

（4）翻面，折叠成三角形。

（5）翻面，得出此效果。

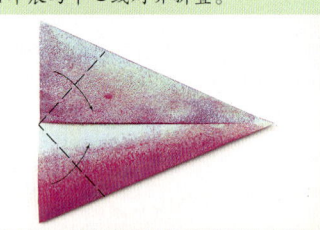
（6）如图与中心线对齐折叠。

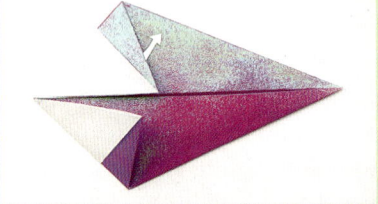
（7）如图将中间的纸拉出。

（8）下面也按同样的方法拉开。

（9）斜着翻折。

（10）对折。

（11）向内翻折。

（12）折出鸟嘴。

（13）剪出翅膀。

（14）如图向外折叠。

（15）剪出尾羽。

（16）打开，剪出颈部羽毛。

（17）用铅笔把羽毛弄卷。

（18）对折立起来。

（19）点上眼睛，完成。

3. 会跳跃的小青蛙

（1）准备一张正方形的纸。

（2）对边折。

（3）裁切一半。

（4）把长方形的纸纵向对折。

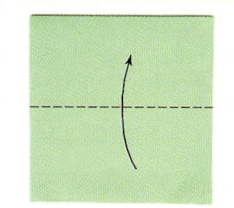
（5）再向上对折。

（6）纵向展开。

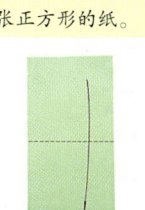
（7）沿对角线折出痕迹。

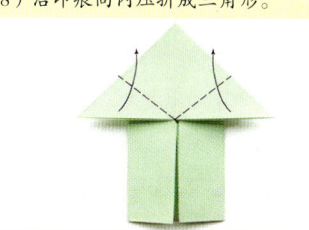
（8）沿印痕向内压折成三角形。

（9）下面的部分向上对折。

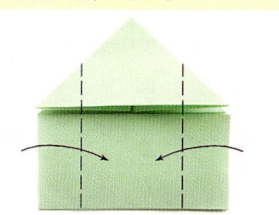
（10）将三角形下方两侧与中心线对齐折叠。

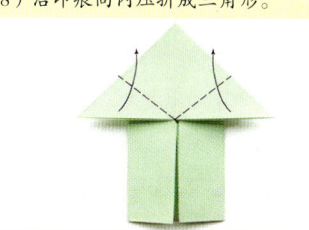
（11）将三角形左右的角斜着折叠。

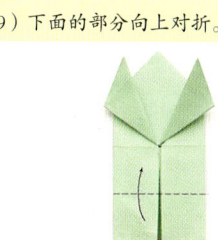
（12）下面的部分对折。

（13）沿虚线朝内折。

（14）折叠成双三角形。

（15）左右三角形横向拉开。

（16）得出此图形。

（17）左右与中线对齐折叠。

（18）朝外翻折，折叠出脚部。

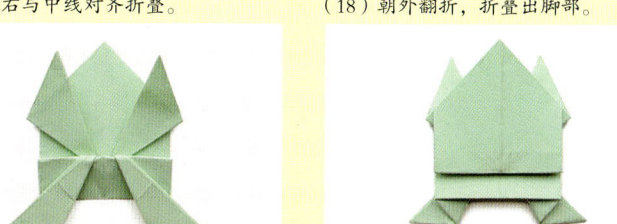
（19）从中间向上对折。　　（20）向下进行分层折叠。　　（21）翻面完成。

（二）折纸花卉

1. 郁金香

花茎折法：

  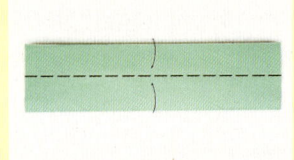 

（1）将边长为15 cm的正方形纸对边折。　（2）再对折一次，呈四等分状。　（3）在中心折叠处压出印痕。　（4）与中心线对齐折叠。

（5）再对折。　（6）对折后涂上胶水。

花朵折法：

（1）翻面，对角折叠，折叠成三角形。　（2）按图中虚线所示位置斜着向上折叠。　（3）另一侧也用同样的方法折叠。　（4）折叠后的效果。

（5）翻面。　（6）两边的角向内折叠。　（7）两边的角再向内折叠一次。　（8）翻面，花朵完成。

叶子折法：

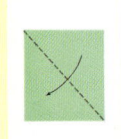    

（1）准备一张正方形的纸。　（2）沿对角线折叠出印痕。　（3）展开后与中心线对齐折叠。　（4）顶角平均分成6份。　（5）两侧的部分斜着对折。

（6）将左右两侧的角对折到内侧。　（7）对折。　（8）做两片相同的叶子。　（9）角对角组合在一起。

组合：

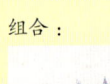  

（1）将花朵、花茎和叶子粘贴在一起。　（2）完成。

2. 百合花

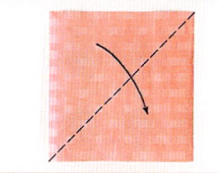
（1）将正方形的纸对角折。

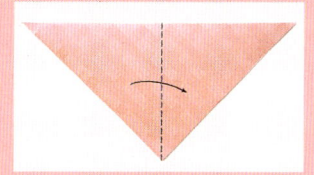
（2）折叠成三角形。

（3）再把三角形折叠一次。

（4）将三角形展开。

（5）三角形展开后，压折成四边形。

（6）反面也按同样的方法折叠。

（7）与中心线对齐折叠。

（8）折叠后的效果。

（9）上面的三角形向下翻折。

（10）翻面，与中心线对齐折叠。

（11）得出此图形。

（12）沿痕迹打开。

（13）展开后如图左右两侧边向中心线压折。

（14）折成菱形。

（15）翻面。

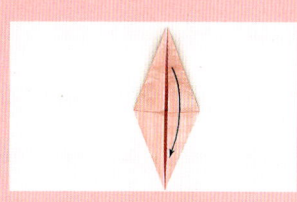
（16）反面也按同样的方法折叠。

（17）上面的一层纸向下翻。

（18）反面也按同样的方法折叠。

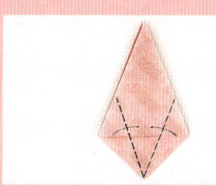
（19）上下颠倒放好。

（20）与中心线对齐折叠。

（21）再次与中心线对齐折叠。

（22）翻面。

（23）反面也按同样的方法折叠，然后涂上胶水。

（24）展开花瓣后，用铅笔将其弄卷。

（25）剩下的花瓣也按同样的办法弄卷，完成。

（三）折纸用品
相框

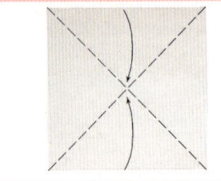   

（1）翻面，沿对角线折出痕迹。　（2）与中心线对齐折叠。　（3）先暂时展开。　（4）左右两侧与中心线对齐折叠。

（5）从中间斜着对折。　（6）再展开。　（7）反面也按同样的方法折叠。　（8）折出痕迹后如图所示折叠。

（9）上方沿痕迹展开。　（10）两侧向外拉开、压平，与中心线对齐。　（11）下面也按同样的方法折叠。　（12）左上角向上、右下角向下折叠。

（13）拉起边角。　（14）压成四边形。　（15）其他的几个角也按同样的方法压成四边形。　（16）每个小四边形均与其中心线对齐折叠。

（17）沿印痕展开后压平。　（18）每个角都展开并压平。　（19）四个角上尖尖的三角形向上翻折。　（20）再把中心的四个角也向上翻折，完成。

（21）放入照片的效果。

技能训练

课堂练习：根据技法步骤掌握书中所教折纸的折法，折出3至4个折纸作品。

课外练习：使用折纸技巧折出若干个折纸作品，用线绳串联起来做成一串折纸装饰品。

训练目的：通过折纸练习，培养学生熟练运用折纸的技巧，设计制作各种折纸造型作品的能力。

（四）折纸人

一起来做运动吧

（1）取一张15cm×15cm的正方形纸。

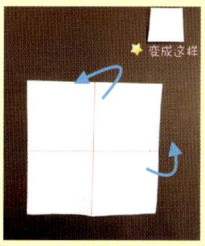
（2）沿着两条线依次对折。

（3）沿直线依次对折。

（4）沿直线往里捏。

（5）沿直线翻折，反面一样。

（6）沿箭头打开，反面一样。

（7）沿箭头方向翻转。

（8）沿直线剪开（单面）。

（9）先沿粉色直线对折，再沿绿色直线对折。

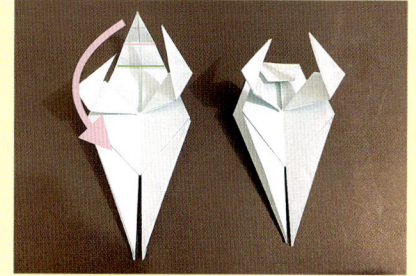
（10）先沿粉色直线翻折，再沿绿色直线翻折。

（11）沿直线翻折，反面一样。

（12）沿直线依次往里对折。

（13）用笔画上五官和头发，完成。

三、折纸在幼儿园教学活动中的应用

折纸是幼儿园教学活动的重要组成部分，它不仅可以装饰幼儿园环境，还能让孩子们锻炼动手能力、发挥他们的想象力，深受孩子们的喜爱。常见的儿童折纸造型较简单，多以儿童感兴趣，外形特别有趣的动物、蔬果花卉以及一些可以作玩具玩的小船、飞机等交通工具为主。我们在设计儿童折纸造型时，应多考虑儿童的年龄特点以及心理审美需求，尤其在教授儿童折纸的过程中更要把步骤讲解清楚，既要让儿童掌握技法，又要能激发儿童的折纸兴趣。

范例欣赏

胡 悦

黄钟燕

黄 洁

黄 洁

罗梦甜

何金叶

罗 意

四、折纸技法拓展

（一）用纸质材料制作各类型花卉

1. 工具与材料

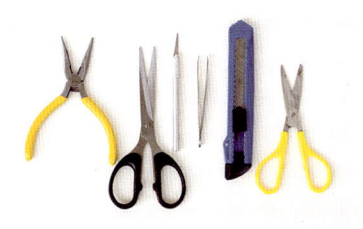 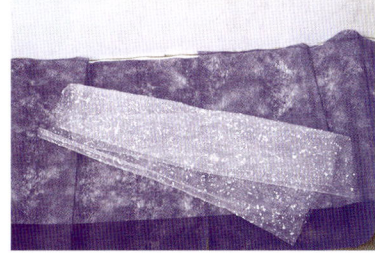 

2. 玫瑰花的制作步骤　　黄晓玲

（1）依图样先做出花瓣。

（2）依此形准备好花蕊、叶片、花萼。

（9）用手指（或剪刀背部）靠在花瓣的反面一点点将纸，做出自然的反卷效果。

（10）在花萼的根部粘黏合胶，把花萼缠绕固定到花瓣的根部。

（3）在剪好的花蕊根部粘黏合胶，如图所示卷在金属杆上。

（4）沿顺时针方向缠绕。

（11）从花萼的根部开始卷花带，卷到10 cm左右卷合固定已做好的叶子。

（5）在花瓣反面的根部粘黏合胶。

（6）用手指轻拉花瓣中部，使其呈外鼓状。

（7）围绕花蕊将花瓣粘好，3枚花瓣环绕成一周。

（8）用相同的方法粘花瓣，直至粘出完整的花型。

（12）完成作品。

3. 康乃馨的制作步骤

（1）准备好边长9 cm左右的正方形小纸片多张。

（6）展开成花瓣。

（7）用细笔杆卷曲每片花瓣的边缘。

（2）将正方形纸片两次对边折。

（8）让花瓣呈自然向内卷曲状。

（9）金属杆在花瓣中心部位穿出。

（3）再对角折。　（4）用剪刀剪出水滴状。

（10）多层花瓣串叠在一起，用手轻轻捏松外围，形成圆球状。

（11）把花球根部用花带缠卷固定，作品完成。

（5）在水滴状的弧形边缘处再剪出小齿状。

（二）各种花卉的花瓣造型和花卉图例

月季

康乃馨

郁金香

野菊花

范例欣赏

陈家晓　皱纹纸

刘淇淇　皱纹纸

技能训练

课堂练习：手工制作拉伸纸花，不少于3种花造型。要求色彩美观大方，造型生动形象，手工制作精美。

课外练习：设计制作一束拉伸纸捧花。要求花形美观，合理运用各类型包装纸进行包束、装饰，捧花设计摆设适当，整体效果好。

训练目的：鼓励学生在了解拉伸纸花卉制作方法的基础上，大胆发挥形象思维，深入了解各品种花卉的特征，培养学生熟练运用各类型工具，设计制作手工拉伸纸花卉的能力。

杨媛

训练五　纸雕塑

纸雕塑使用的材料主要是硬度较高的色卡纸、皮纹卡纸、玻璃卡纸和较厚的双面彩色纸。运用折、划、剪、切、卷曲、插接、粘贴等手法，制作出具有立体感的纸质艺术造型。从制作形式上来分，纸雕塑分为纸浮雕和纸圆雕两种；从造型题材上来分，有景物、静物、动物、人物等多样化内容。纸雕塑的美感不仅仅是因为它具备雕塑所特有的立体感和厚重感，更重要的是它突显了纸材质的美，运用造型高度概括和夸张的手法，使作品色彩更丰富，色调更饱满，更具有装饰性和趣味性。纸雕塑作品由于选材方便，制作技法容易掌握，成为幼儿园教师装饰美化校园、制作游戏活动及其他领域的教学活动中的教玩具的一种有效手段。

一、纸雕塑的基本技法

把平面的纸材转换成立体的形态，除了要选取合适的纸质，还要运用一定的加工手段，主要的方法有以下几种：

（一）切折法（图1-37、图1-38）

（二）折边法（图1-39）

（三）凹凸折叠法（图1-40）

（四）剪贴法（图1-41至图1-44）

在纸雕塑中，往往会在一幅作品中综合运用多种加工方法，这样才能表现出丰富的立体效果，使造型更生动、更具感染力。

图1-37

图1-38

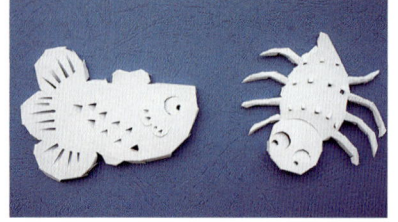
图1-39

图1-40

图1-41

图1-42

图1-43

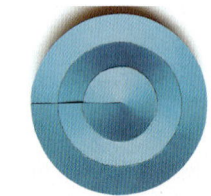
图1-44

使用切折法作品效果

使用折边法作品效果

使用凹凸折叠法作品效果

二、纸浮雕的制作方法

纸浮雕的形象是半立体的,所创作的造型往往要依附在底板上,因而不能具有360度的观看视角。但半立体的造型也突破了平面形的视觉感受,起伏的质感更能吸引儿童的注意力。

根据儿童不同年龄阶段的心理需求和欣赏能力,在幼儿园制作的纸浮雕作品往往以装饰类风格为主。不管是景物、动物还是人物,都要求造型简练夸张,趣味多样。

纸浮雕的制作方法:

(1)构思草图,画好图稿。　(2)选好纸材,配好色彩。　(3)剪好基础形,做好初加工。　(4)整理粘贴,装饰浮雕。

(5)完成作品。

技能训练

课堂练习:以四人为一小组,团队合作完成一幅全开大小的纸浮雕作品。作品题材不限,要求构图完整,造型设计新颖,纸质材料应用合理,整体色感协调美观,手工制作粘贴精美。

课外练习:为小学或幼儿园设计制作一幅在区域环境中可以使用的或在教学中可以作为教具使用的纸浮雕粘贴作品。

训练目的:提倡团队协作,鼓励学生集思广益,大胆设计制作多种造型的纸浮雕作品,使学生在练习中逐步掌握纸浮雕制作的各种手法,表现出不同的纸浮雕效果。

范例欣赏

郭 莎

黄晓玲　林宇珊　郭峥嵘

三、衍纸

衍纸，亦称为卷纸，一说来源于古埃及，另有研究者称其起源于十五至十六世纪的欧洲。衍纸融合了雕塑和绘画的表现形式，过去被用于宗教圣物的装饰，一直以来都被看成是一种优雅、高贵的艺术表现手段，是属于纸浮雕的一种艺术表现形式。

衍纸的"衍"是丰富多彩的意思，说明衍纸的表现手段包罗万象。衍纸艺术又叫卷纸装饰工艺，就是以专用的工具将细长的纸条一圈圈卷起来，捏制成各种形状，使其成为一个个小"零件"，再运用卷、捏、拼、贴等方法组合这些样式复杂、形状各有不同的"零件"来创作完成作品。作为儿童美术教育的一项内容，衍纸既能在表现形式上生动、立体，又能在色彩上表现丰富、有趣味感，更能在制作中促进儿童脑、眼、手的协调发展，是我们美术教学中绘画和手工的综合表现内容。

（一）衍纸所需的工具与材料

卷纸笔、镊子、点胶瓶、剪刀、卷纸器、基础造型模板、压纸器等。（图 1-45）

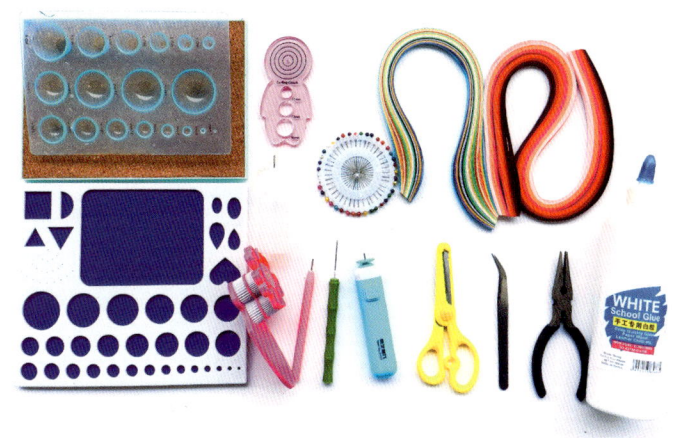

图 1-45

（二）衍纸基础造型的制作要领

1. 关于纸

衍纸所用的纸可以有很多种颜色。所要用到的纸的宽度也是不同的，但是作为初学者，建议使用宽 5mm 的纸条。最重要的是：你要注意选择你所买的纸的重量。如果纸太轻，你就会发现纸很难保持住你所想要的形状。（图 1-46）

2. 关于胶水

胶水建议使用 PVA 胶（白乳胶），因为这种胶水干了之后会比较干净。如果你打算将纸卷粘到比较光滑的表面上，你就要用到万能胶了，因为 PVA 胶不能够保持长时间的附着。

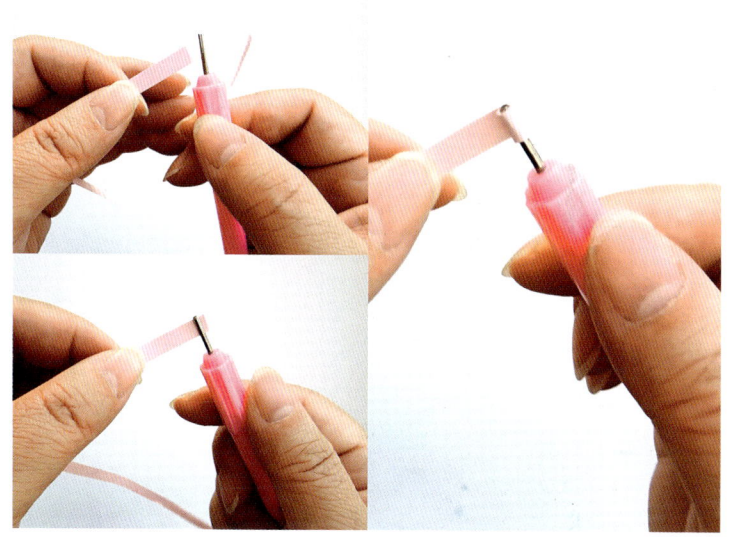

图 1-46

3. 衍纸的基础造型（图 1-47）

（三）衍纸浮雕粘贴画的设计与制作

1. 以线条来造型
2. 以基础卷来填充

图 1-47

衍纸浮雕粘贴画的制作

选择设计主题：构思，明确制作内容。

素材收集：通过网络、图书的资料查找，拓宽设计思路。

（1）起稿造型：形象要画得简练。

（2）设计制作衍纸基础卷配件。

（3）把基础卷配件组合起来。

（4）粘贴组合，完成作品。

范例欣赏

左丽 衍纸

吴湘雨 衍纸

周文艳 衍纸

第一模块 纸工

裴 玲

金淑盼 衍纸

徐思婷

技能训练

课堂练习：设计制作一幅8开的衍纸浮雕作品，题材不限，要求构思巧妙，衍纸卷折手法灵活多变。

课外练习：制作以儿童喜闻乐见的人物、动物、植物花卉形象为主题的小型衍纸浮雕作品。

训练目的：在衍纸浮雕工艺画的练习过程中拓展创作思路，了解衍纸材料的特性、制作手法和色彩搭配的整体设计运用，提高学生纸质手工的综合造型能力。

四、纸圆雕的制作方法

（一）认识纸圆雕

纸圆雕采用了折纸、剪切纸、粘贴纸等综合的造型手段，运用了立体造型的原理，使纸圆雕作品既有具体形象性，又有可把玩性。其因可以加强幼儿对手工材料和所学知识的认识与理解，所以被幼儿园教师广泛应用于各种综合性教育活动中。另外，纸圆雕还可以作为陈列品、装饰品对幼儿园的生活环境进行美化，陶冶孩子们的情操，给他们带来无穷的乐趣。

（二）纸圆雕的造型方式

剪折纸圆雕的造型方式主要有两种。一种是运用硬纸本身的材质特点，在纸体上直接用剪、切、折、挖的手段，使其纸材表面出现凹凸变化，再经过折曲黏合成整体的立体造型；另一种是先把纸卷曲成各种立体造型框架，在框架上再进一步地局部粘贴和装饰，使纸圆雕作品外观既概括夸张，又美观生动，更加妙趣横生。

1. 第一种造型方式

（1）起稿。

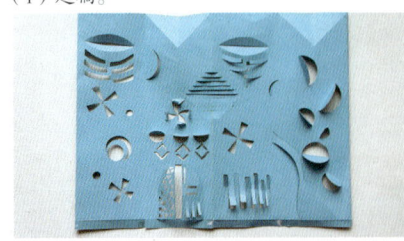

（2）剪、切、折、挖。

（3）黏合成型。

2. 第二种造型方式

（1）选材。

（2）剪制好各零部件。

（3）把纸卷曲成立体造型。

（4）组合，完成。

范例欣赏

第一模块　纸工

技能训练

课堂练习：以动物或人物造型为题材，设计制作一个纸圆雕作品。要求造型设计新颖，纸质材料应用合理，整体色感美观大方，手工制作精美。

课外练习：为小学或幼儿园设计制作小型剪折纸圆雕作品，将作品作为陈列品、装饰品对教学或生活环境进行美化，陶冶孩子们的情操，给他们带来乐趣。

训练目的：让学生在制作纸圆雕的过程中，加强对纸质手工材料和各种手工制作手段的认识与理解，提高学生手工综合造型的能力。

45

谭惠丹　赵　晓　黄兰茹　　　　　　　　　　　谭惠丹　赵　晓　黄兰茹

五、纸雕塑在幼儿园教学活动中的应用

在幼儿园，纸雕塑作品既是教具也是玩具，是幼儿园开展直观教学和游戏活动的重要工具之一。

我们不仅要能够将学到的纸雕塑知识和操作技能运用到学前教育实践中去，还要能够将制作的作品有效地同环境布置、节日装饰、游戏活动等结合起来，让孩子们在获得审美感受的同时，能促进认知能力、思维能力、学习能力的发展和心智的提高。

第二模块 泥工

🔊 **训练描述：**
　　本部分内容通过对泥工基础知识、技法以及应用案例的分析讲解，使学生了解并掌握泥工的制作技法，并着重培养学生在幼儿教育中的创新意识与创造力。

🔊 **训练目标：**
　　要求学生在了解各种泥塑工具使用方法的基础上，配合现代幼儿教育理念，利用各种技法制作符合幼儿审美的泥工作品。

🔊 **训练要求：**
　　要求学生掌握泥工丰富的应用形式，结合展览、比赛、讨论等多种形式进行互动式训练，使学生在泥工的教学形式方面有所拓展。

训练一　泥工的基本技法与基本造型

一、泥工概述

　　泥工是指泥塑工艺，是我国常见的古老民间艺术，属于中国传统雕塑艺术的一种。它以泥土作为原料，以手工捏制成形。或素或彩，以人物、动物为主。

　　我国泥塑艺术可上溯到新石器时期，发展到汉代已成为重要的艺术品种。考古工作者从两汉墓葬中发掘了大量的文物，其中有为数众多的陶俑（图2-1）、陶兽（图2-2）等。其中有手捏的，也有模制的。古代丧葬习俗中需要大量的陪葬品，这在客观上对泥塑的发展和演变起了推动作用。

　　如今，泥工在现代幼儿园活动中不但传承民族艺术，还起着培养幼儿的想象力、创造力、空间感、造型能力以及动手能力的作用。作为幼儿教师，掌握这门技能至关重要。（图2-4至图2-8）

图2-1　汉　说唱俑

图2-2　汉　陶兽

图2-3　高密泥塑

图2-4

图2-5

图2-6

图2-7　赖铭乐

图2-8

二、工具和泥料

泥工制作需要用到的一般工具：

1. 泥工塑形工具

有传统雕塑刀（图2-9）、太空泥雕塑刀（图2-10）、丸棒（图2-11）、硅胶笔（图2-12）。运用切、掏、挑、钻、印、掀等方法对泥料进行塑造。（图2-13至图2-20）

2. 切割工具

有裁纸刀（图2-21）、剪刀（图2-22）、切泥刀片（图2-23），可对泥料进行直线切割、边缘形状修整，或弧形切割。

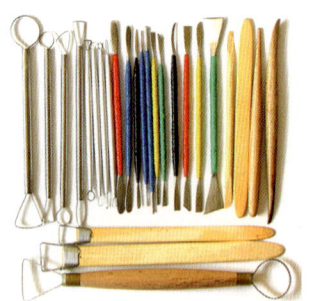
图2-9 传统雕塑刀

图2-10 太空泥雕塑刀

图2-11 丸棒

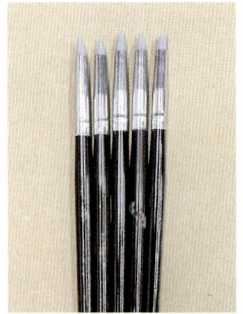
图2-12 硅胶笔

图2-13 切

图2-14 掏

图2-15 挑

图2-16 钻

图2-17 印

图2-18 掀

图2-19

图2-20

图2-21 裁纸刀

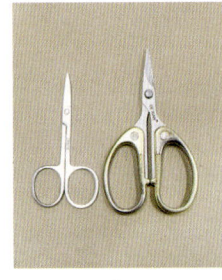
图2-22 剪刀

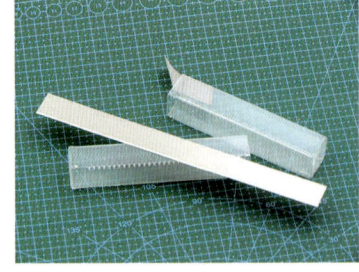
图2-23 切泥刀片

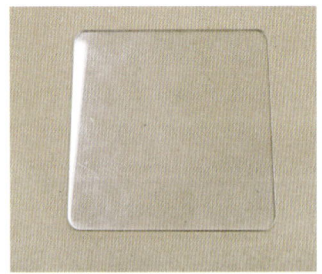
图2-24 压泥板

3. 压痕工具

有压泥板（图2-24）、压泥棒（图2-25）、头发纹理棒（图2-26）、挤泥器（图2-27）及各种模具（图2-28、图2-29）等，能够将泥料滚、压、挤成均匀的片状及其他形状。

4. 切割垫板（图2-30）

其不粘性及网格能够方便在上面随意塑造泥料及控制比例。

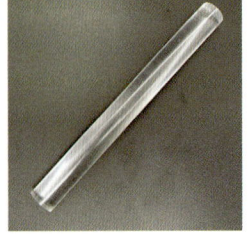
图2-25 压泥棒

图2-26 头发纹理棒

 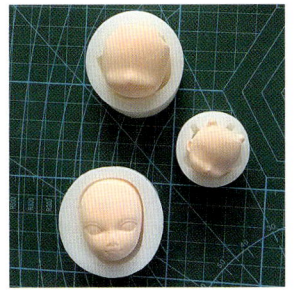  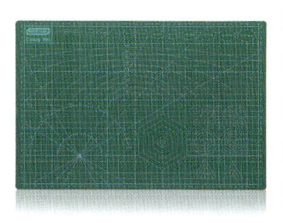

图 2-27 挤泥器　　　图 2-28 脸模　　　图 2-29 形状模具　　　图 2-30 切割垫板

其他辅助工具：

1. 连接材料

白乳胶、强力胶、水晶胶（图2-31）等，通常用于小面积连接黏合两块失去黏性的干燥黏土。铝丝（图2-32）、牙签（图2-33）用于骨架的制作。

2. 零件盒（图2-34）

用于存放制作完成干燥后的小零件。

   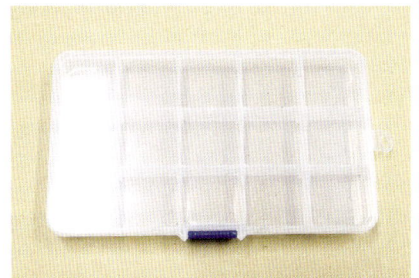

图 2-31 各种胶　　　图 2-32 铝丝　　　图 2-33 牙签　　　图 2-34 零件盒

3. 上色工具

通常使用丙烯颜料及合适的笔刷、勾线笔等工具材料为黏土作品进行眼睛、嘴巴等局部的上色（图2-35）。偶尔也会用到色粉点缀黏土作品（图2-36）。

随着幼儿教育的发展，各种安全、轻便的塑料工具逐渐取代了传统雕塑工具。它们的优势在于：比起传统雕塑工具更加安全、轻便，其丰富的色彩也在一定程度上吸引了孩子的眼球。与此同时，泥塑的原料也逐渐由原先的雕塑泥、陶泥和面泥，发展为更加优良的品种。各种各样的泥塑原料可供选择，颜色鲜艳、制作简单、易于保存且无毒无害的彩泥、软陶、超轻黏土、精雕油泥等新型材料占据着幼儿市场。（图2-37至图2-42）

图 2-35 丙烯颜料和笔刷　　　图 2-36 色粉

图 2-37 雕塑泥　　　图 2-38 陶泥

图 2-39 面泥　　　图 2-40 超轻黏土　　　图 2-41 软陶　　　图 2-42 精雕油泥

技能训练

课堂练习：1.根据课上所学的几种刀法，对泥料进行塑造练习。2.认真观察人的脸部特征，思考哪些刀法适合用于塑造五官。

课外练习：使用铁丝、牙签、木棍、铜线等材料制作一个人物骨架。

训练目的：培养学生的观察力与创新意识，实现从认识到发现的转化。

三、泥工的基本技法

泥工的制作离不开反复地揉搓与塑造，经过长期的试验我们总结出以下10种方法，以一个人物头像的制作步骤来做示范：

1. 团。通常用在塑造人物头部时，首先要做的一个动作就是团出一个圆球。（图2-43）

2. 捏。趁头部的泥料尚未干时，在合适的位置捏出一个高挺的鼻梁。（图2-44）

3. 粘。取两小块泥料，用手捏成耳朵形状，粘在头部的两侧。（图2-45）

4. 堆。取少量的泥料，在脸部合适的位置堆出高低起伏的样子，颧骨、眉骨、眼皮、嘴唇等处需要相对凸出。（图2-46）

5. 推。将脸部堆叠高耸处边缘的泥料向周围推平，使其与旁边的泥料相融合，显得平滑。（图2-47）

6. 划。用指甲在眼皮上方轻轻划出一条线，形成双眼皮。（图2-48）

7. 压。搓出两个粉红色的小圆球，用手指将其压扁，粘在脸颊上作为腮红。（图2-49）

8. 搓。用手搓出一条条的泥条作为头发，粘连在头部。（图2-50）

9. 卷。搓一些发丝粘成一排，使其向上略微卷起，粘在脑门上作为刘海。（图2-51）

10. 拧。搓几条彩色的泥条拧在一起，围绕在脖子上作围脖。（图2-52）

11. 完成。（图2-53）

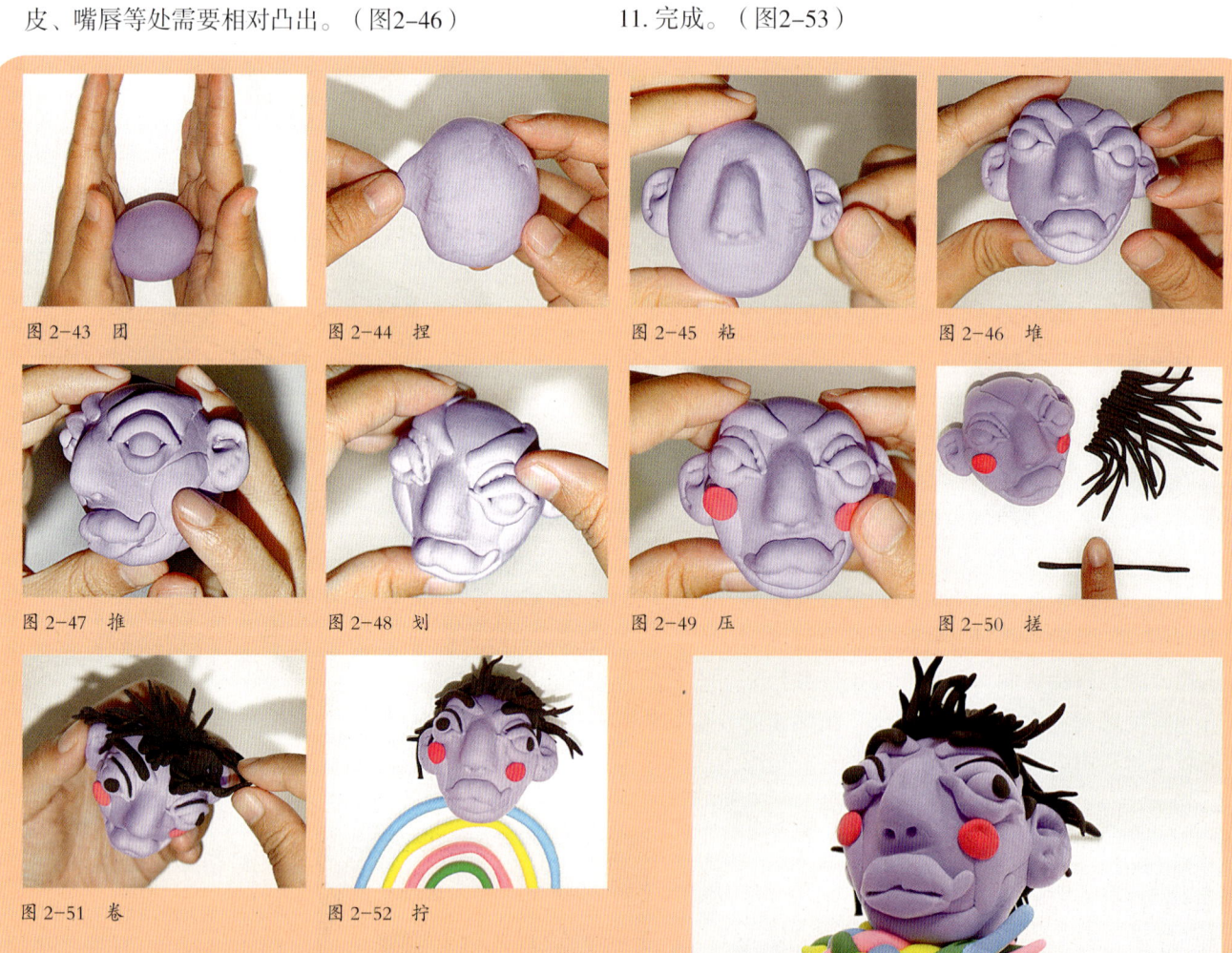

图2-43 团　　图2-44 捏　　图2-45 粘　　图2-46 堆

图2-47 推　　图2-48 划　　图2-49 压　　图2-50 搓

图2-51 卷　　图2-52 拧

图2-53 完成图

运用泥工的基础技法做出的作品

罗爱琳　　郭航恺

宋文宣　　赵海兰　　赵海兰　　杨冬萌

王泽昆　黄舒羡伟

四、泥工的肌理表现

（一）物体压印法

物体压印法是指使用具有明显纹理的物品，在未干的泥料上进行按压并留下痕迹的方法。（图2-54至图2-57）这种方式能够得到意想不到的丰富效果，通常可以使用的材料有树叶、石头、木材、粗布以及具有凹凸图案的硬物等。

图 2-54

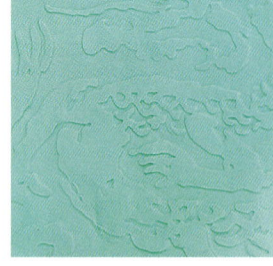
图 2-55

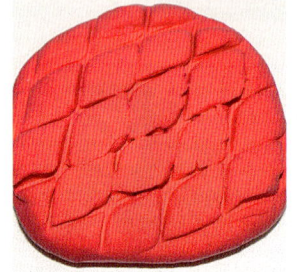
图 2-56

图 2-57

（二）泥工刀雕法

泥工刀雕法是最为常见的肌理表现方法，但是对于手工的要求很高。它是通过各种手法与泥工刀雕法的结合，基于泥料的黏性与柔软程度，在泥料上雕刻出精美的图案与装饰纹样。（图2-58、图2-59）

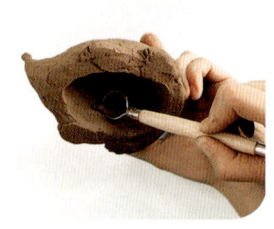
图 2-58

图 2-59

运用泥工刀雕法做出的作品

彭珂媚

运用物体压印法做出的作品

黄思婷

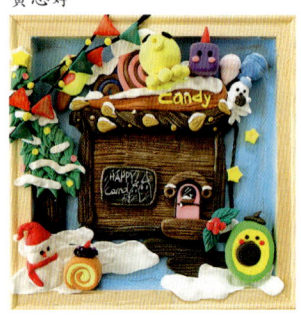

陈前羽

（三）异色搅揉法

异色搅揉法是最适合幼儿的入门技法之一，泥工的色彩调配可以参考前面章节的知识进行，使用多种颜色搅揉在一起，轻揉会出现类似彩霞般绚丽的效果；再继续混合，色彩会逐渐柔和变灰，进而变成几种色彩的混合色。这种方法制作出的肌理效果非常自然、生动，富有韵味。（图2-60至图2-63）

（四）包裹切片法

包裹切片法是从装饰图案中演变而来的肌理表现技法。它是用不同色的泥片包裹泥条，并复制排列粘贴起来，干燥后使用小刀切片，得到的横切面类似于装饰图案。在泥工制作过程中，可以将得到的小切片再次排列，粘贴在泥料上，这样得到的装饰效果十分出众。（图2-64）

图 2-60

图 2-61

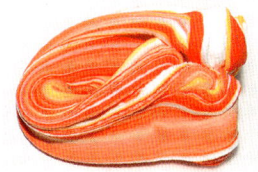
图 2-62

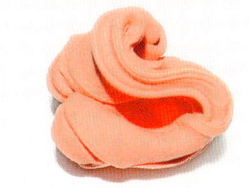
图 2-63

图 2-64

运用包裹切片法做出的作品

运用异色搅揉法做出的作品

赖铭乐

赖铭乐

赖铭乐

李　莉

技能训练

课堂练习：学习使用多种基础手法塑造泥工作品。观察以下装饰性图案，使用包裹切片法模仿制作。

课外练习：以四人为一小组，分小组收集素材，利用四种肌理表现方法完成一个主题制作。

训练目的：培养学生熟悉各种泥工基础手法，并在不断思考中利用所学知识制作泥工作品。

五、泥工的基本造型

（一）泥工的平面造型——浮雕

浮雕是依附于一个平面上的凸起的半立体的形象，是雕塑与绘画结合的产物，用压缩的办法来处理，靠视觉等因素来表现三维空间，只供一面或者两面观看。

图 2-65

浮雕的制作方法：

1. 构思草图，画好图纸。（图2-65）
2. 选好材料，拍出泥板，切割成方形。（图2-66）
3. 搓出泥条，压好泥片，铺上大底。（图2-67）
4. 用泥工基本技法制作好基础造型并进行组合。（图2-68）
5. 添加背景，调整完成。（图2-69）

图 2-66

图 2-67

图 2-68

图 2-69

范例欣赏

杨小燕　超轻黏土　　　　　　　　　　　　　　　　　张巧缘

钟可懿　超轻黏土

李文锦

（二）泥工的立体造型——圆雕

圆雕是可以从多方面、多角度欣赏的三维立体雕塑。欣赏者可以从不同角度欣赏到各个面。

莲蓬的制作方法：

余文砚

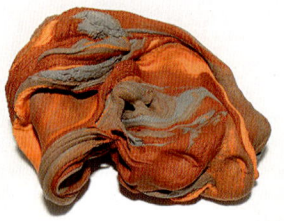

莲蓬颜色的调配

（1）捏出莲蓬的大概轮廓。

（2）搓出一些两头细中间粗的泥条。

（3）将这些泥条堆在莲蓬的侧面，造出高低起伏状。

（4）用泥工刀在莲蓬上面钻出莲子洞。

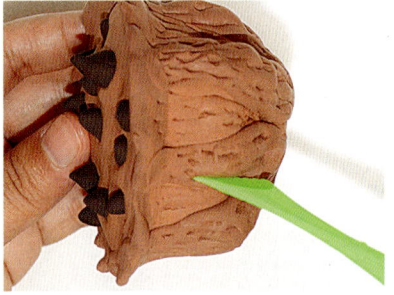

（5）手团一些顶部带尖的黑色莲子，将莲子安放在莲子洞内。

（6）用泥工刀在莲蓬侧面压出凹凸不平的效果。

（7）将莲子周围用细泥条堆高。

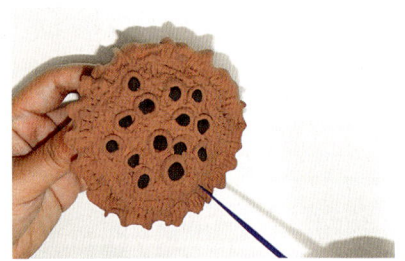

（8）用泥丰富莲蓬的表面及四周边缘，并用泥工刀压出肌理。

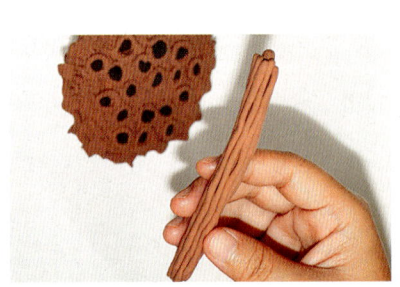

（9）手搓一些细泥条，黏合成莲蓬的柄。

（10）用细泥条将柄与莲蓬黏合，晾干完成。

第二模块 泥工

范例欣赏

陈可琪

余文砚

郝荣巍

吕诗佳

陈鲁宁

岳子文

李婉萌

舒仕铭

易 燕

59

六、泥工的应用

泥工在现实生活中应用非常广泛，可用于环境装饰、手办、工艺品、小饰品等各种创意手工。装饰性的泥塑能够美化生活，使人心情愉悦，各种DIY工艺品在丰富着人们业余生活的同时，也象征着一种休闲自足的生活方式。在幼儿园环境创设和教学活动中，泥工的应用极为广泛和丰富。

技能训练

课堂练习：1. 利用彩泥为教室墙面做一套装饰设计方案。2. 以一次性纸碗和太空泥为基础材料，制作一个独特的装饰花盆。

课外练习：使用软陶泥为母亲制作一套饰品，包括项链、耳钉、发夹、胸针、戒指。

训练目的：培养学生熟悉各种泥工基础手法，并在不断思考中利用所学知识制作泥工作品。

范例欣赏

余文砚

徐竞予

孙佳琦

吴 婷

陈建宁

刘慧雯

廖彩云　黄舒美伟

王宗秀　超轻黏土　　　　　　张燕菲　　　　　　　　　钟伟文

廖彩云　黄舒美伟

何颖琳

方小叶

劳小玲

谭桂丽

第三模块　布艺

🔊 **训练描述：**
　　根据步骤图例，学习制作不同种类的布艺手工作品；欣赏优秀的布艺作品，发散思维，要求每个学生创作出 1—2 个原创布艺作品。

🔊 **训练目标：**
　　学习制作布艺作品，了解布艺材料及布艺作品制作技法，开阔视野，培养审美情趣，鼓励学生大胆创作集美感与实用于一体的布艺作品。

🔊 **训练要求：**
　　布艺针法正确，布料选择恰当，手工精致，对能力强的学生要求其作品独特新颖有创意。

训练一　认识布艺

　　人们对纺织品的使用刚开始只是为了满足一些生活需求，如遮羞蔽体、驱寒保暖等，如今随着人类文明的进步，人们对生活品质的要求不断提高，纺织品在人们的生活中扮演着越来越重要的角色。它不仅能满足人们的基本生活需求，还能以其图案色彩艳丽丰富、品类繁多的特点制造出各种独特的装饰效果。布是纺织品类用途最为广泛的一种，因此，"布艺"一词如今亦是家喻户晓。布艺——布的艺术，是指以布为主材，结合一些辅助材料，利用各种不同的剪裁技巧制作出极富艺术装饰效果及生活实用性的手工艺品。它具有以下特点：美观，装饰意味浓厚，可反复清洁使用，适用性强，能给人们营造一种舒适、温馨、踏实的心理感受。（图 3-1）

　　常见的布料有棉、麻、绒、纱、缎、牛仔布、不织布等，我们可根据布料的选择划分布艺种类。

　　根据布艺设计的功能，可划分为以下几个类别：儿童学习用品类布艺、家居用品类布艺、装饰类布艺等。（图 3-2 至图 3-5）

图 3-1

图 3-2

图 3-3　礼品盒

图 3-4

图 3-5　布艺书

所谓"工欲善其事,必先利其器",要完成一件优秀的布艺作品,必须做好充分的准备工作——完善的设计图稿和齐全的工具与材料。布艺常用的工具与材料主要有以下几种:

1. 布料

不同的面料与花纹图案能表现出不同的艺术效果,例如碎花棉布带有田园清新的味道;色彩艳丽的棉麻布带着一股浓郁的东南亚风情;拥有古典图案的缎面高贵典雅;皮革、牛仔类的布料洋溢着现代时尚气息;而大红大绿的朴实图案更是体现出中国民间特色。设计者必须根据作品风格,充分利用布料的肌理、图案特点来设计布艺作品。

2. 线

线是布艺制作中不可缺少的材料,不同的布料或不同颜色的布必须选择与之色彩、质感相配的线。例如一般的棉、麻料子的布用一般的线就可以了,但线的颜色要与所选的布的色调协调;而不织布选择的线可以稍粗一些,用与布颜色对比强烈的线作为造型的轮廓线,强调布艺轮廓边角,加强装饰效果。

3. 辅料

在进行布艺创作时可以适当地添加一些辅料,如花边、纽扣、珠子、拉链、魔术贴、棉花等可以使作品更加美观、生动。

4. 工具

布艺制作中常用的工具有缝纫机、剪刀、珠针(裁剪布料时方便定位)、顶针、锥子、气消笔(可以在布上做些裁剪印记而又不会弄脏布料)、热熔枪等。

工具与材料

训练二 布艺表现技法

一、常用针法

(一)平针

针法特点:针法简单,一上一下在布上穿行。此针法常用于布袋的袋口收紧或花边的褶皱处理,注意针脚要均匀平直。

(二)回针

针法特点:在布的上下来回穿行,前后两针的线段首位要互相叠合,此针法类似缝纫机的车缝线,结实不易脱线,多用于缝制布料拼接部位或做收边处理。初学者可借用气消笔在布上画线,沿线缝出均匀的针脚。

平针步骤图:

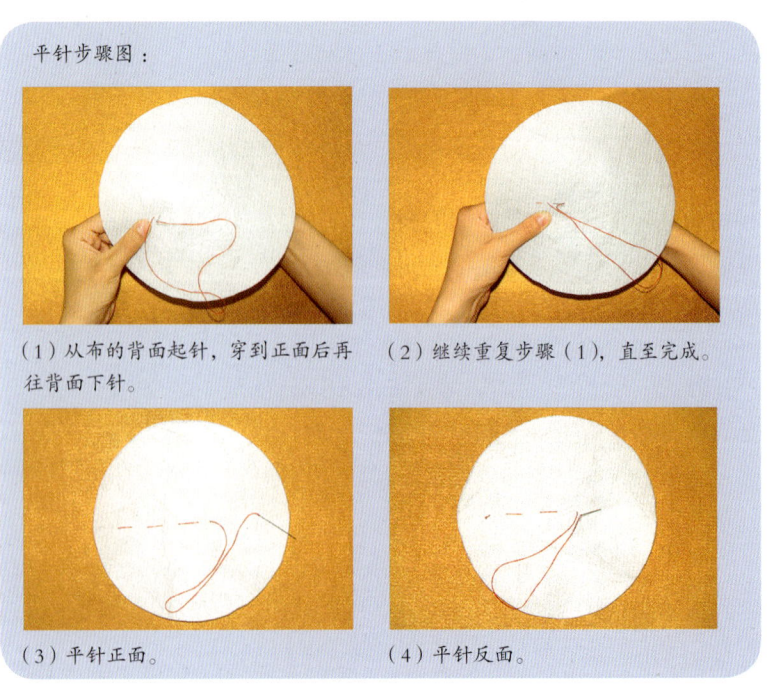

(1)从布的背面起针,穿到正面后再往背面下针。　　(2)继续重复步骤(1),直至完成。

(3)平针正面。　　(4)平针反面。

回针步骤图：

（1）从布的正反面上下各走一针。

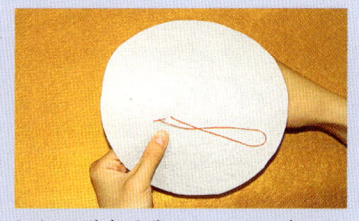

（2）回到布的背面后，针从前一针的中上方由下往上穿出，再继续往前缝。

（3）

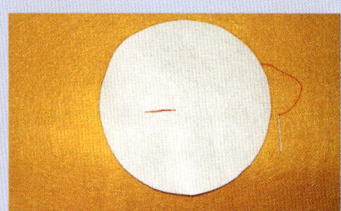

（4）

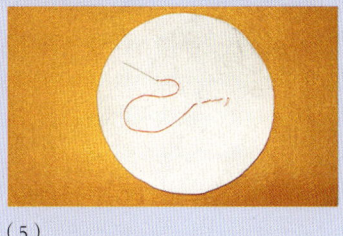

（5）

（3）—（5）以此针法步骤重复至完成。

收口缝步骤图：

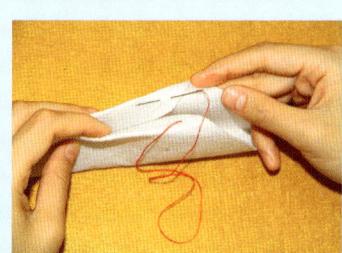

（1）针从布的折边内里穿出，从对面的布折边如图穿过。

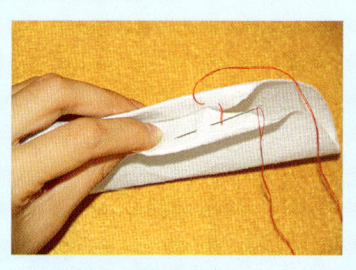

（2）又到另一折边同步骤（1）方法穿过。

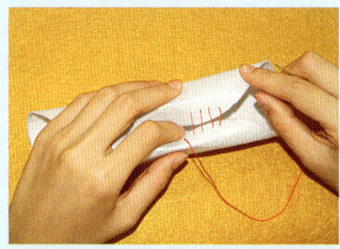

（3）重复以上步骤直至把开口缝完。

（4）

（5）

（4）（5）打结。把线拉紧后，针按在最后一针针脚处，用线绕两圈，然后将线拉紧。用针随意挑一针，藏起线头，收口完成。

第三模块　布艺

（三）收口缝

针法特点：多用于隐藏棉花入口处的针脚或把布边收起，使布艺表面平整。要求针脚均匀平直，以免使作品外观变形。

（四）锁针

针法特点：针脚结实，多用于固定装饰的花边或碎布，做布偶时也可用此针法锁紧填充棉花的开口处。

锁针步骤图：

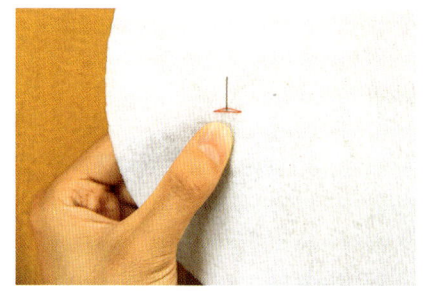

（1）从布的背面起上下走一针，回到布的背面后，从前一针的两线中间穿过正面。

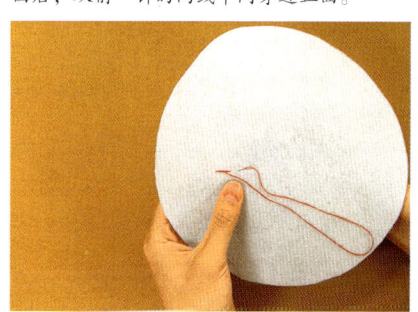

（2）重复前面的步骤。

（3）锁针正面。

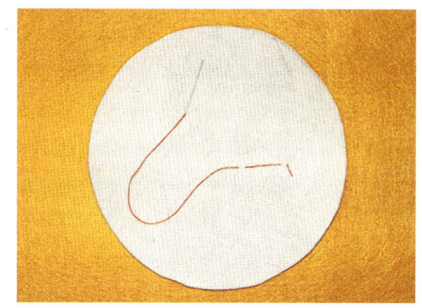

（4）锁针反面。

（五）包边缝

针法特点：多用于收口处或布料拼接处，针脚外露，目的是用彩色的线作为布艺的轮廓线，此针法可使布艺风格变得随意、休闲、质朴。针脚带有装饰作用，所以针脚更讲究细致、均匀。包边缝又分为平直包边缝和绕线包边缝两种针法。

平直包边缝步骤图：

（1）针穿过两层布边，回到前一层布后再绕回到后一层布。

（2）从后往前穿过。

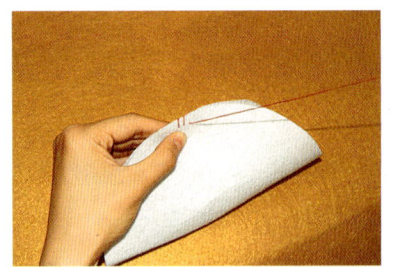

（3）从前往后绕穿。

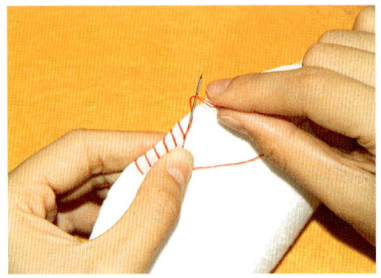

（4）重复此针法直至把边缝好。

（5）打结，方法同收口缝的打结法，包边完成。

绕线包边缝步骤图：

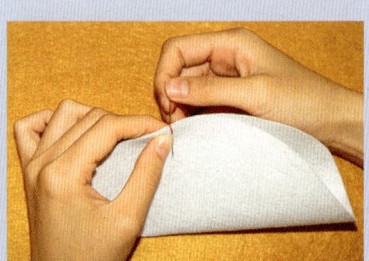

（1）从两层布的中间往前一层布穿出，然后绕到后一层布，再从前一针的针脚由后往前穿出。

（2）再回到两层布的中间并挑起第一针然后拉紧线。

（3）再由前往后穿到第二层布。

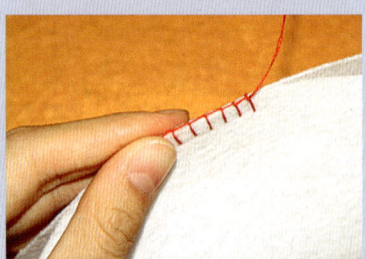

（4）线绕针一圈然后拉紧。

（5）重复前面的步骤直至完成，在最后一针的针脚处打结拉紧线，绕线包边缝完成。

二、布艺制作方法

（一）平面布艺制作——换装的小公主

创作意图：通过给小公主更换不同的服饰、发型，锻炼幼儿的动手操作能力，训练幼儿手部肌肉的灵活性，培养其对色彩、服饰搭配的审美及兴趣。

建议：可以学习以下方法，举一反三，根据教学需要设计制作更多服装、发型、鞋子等。

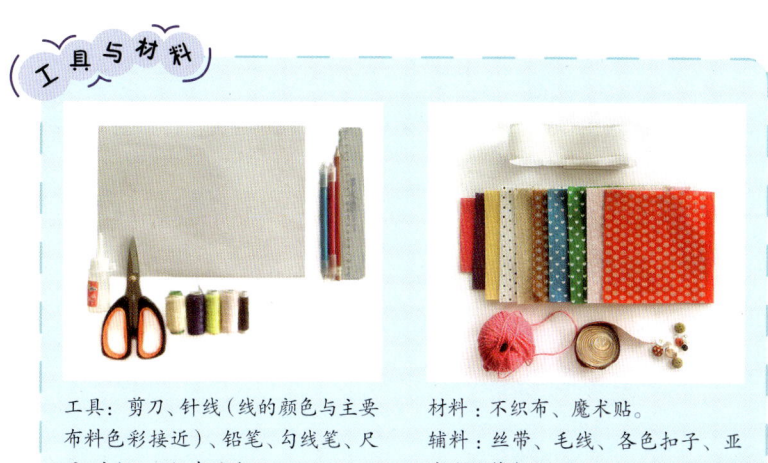

工具：剪刀、针线（线的颜色与主要布料色彩接近）、铅笔、勾线笔、尺子、白纸、不织布胶水。

材料：不织布、魔术贴。
辅料：丝带、毛线、各色扣子、亚克力钻等备用。

制作步骤

（1）在白纸上画出一个人物身体，按照卡通人物3个头长的比例画，形象会更可爱哦！

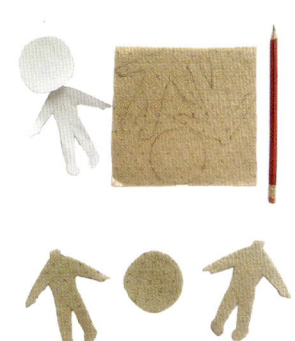

（2）把模型剪下拷贝到肤色不织布上，注意头和身体要分开拷贝，身体需要拷贝两个，然后沿着不织布轮廓剪下。

（3）根据小人的肚子大小，剪下一小块魔术贴。

（4）用平针缝将魔术贴固定到其中一个"身体"上。

（5）将两个"身体"重叠在一起用回针缝合。

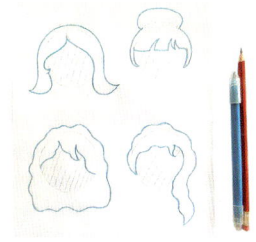

（6）在白纸上设计人物发型，切记要以人物的头型为参考比例。

（7）把头发模板剪下，然后拷贝到不织布上。

（8）把各种发型套在头上，检查是否合适，及时调整修剪发型轮廓。

（9）用回针缝出人物的五官。

（10）头与"身体"用回针缝合在一起。

（11）在白纸上设计人物的服装。

（12）把衣服模板剪下，然后拷贝到不织布上。

（13）沿着不织布轮廓剪下衣服，用胶水、针线把扣子、缎带、珍珠等装饰在服装和头上。

（14）给可爱的小公主搭配上各种美美的发型和服饰吧！

（二）半立体布艺制作——小怪兽手偶

创作意图：袜子手偶可以用在语言教学活动中，帮助教师直观生动地演绎故事，也可以投放于语言区，帮助幼儿玩角色游戏。

建议：可以根据以下制作方法，举一反三或者根据袜子的花纹颜色设计制作各种有趣的手偶。

工具与材料

工具：剪刀、不织布胶水、白纸、铅笔、尺子、记号笔、针、与袜子颜色协调的线。

材料：一双袜子、多色不织布、绿色的棉麻布、毛线、珠子、棉花等。

制作步骤

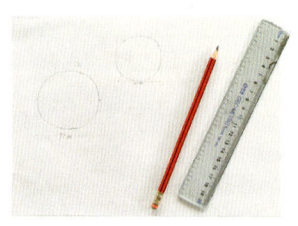
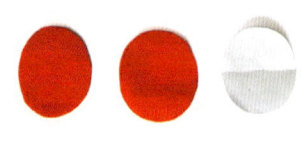

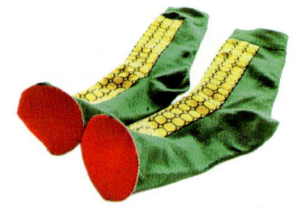

（1）在纸上画大小两个圆，直径分别为7cm、5cm。

（2）大圆模板拷贝到红色的不织布上，剪两个等大的圆，作为两只小怪兽的嘴巴。

（3）把袜子头整理好，用包边缝针法把红色的圆片缝于袜子头上。

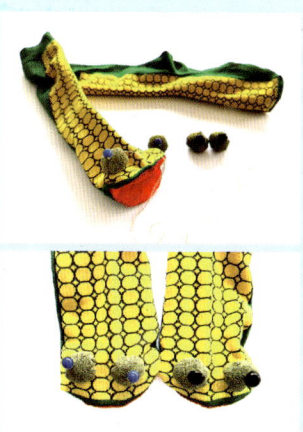

（4）小圆模板拷贝到绿色的棉麻布上，剪四个同等大的圆作为两只小怪兽的眼睛。

（5）把小珠子缝于四个小圆的中心，作为小怪兽的眼珠子。

（6）用平针缝针法沿着小圆的边缝。

（7）轻轻拉紧，小圆形成碗状，然后装入棉花再缝紧，形成球状。

（8）把四只眼睛缝于袜子上。

（9）用两块不同花纹的不织布剪出对称的锯齿纹样，作为小怪兽背上的尖刺。

（10）先用平针缝针法把尖刺缝于袜背上，注意针脚要均匀。

（11）为了使尖刺立起来，沿底边用回针缝从不织布的底侧再缝一次。

（12）把棉麻绳重复折叠，再从中间缠绕系紧，形成一个蝴蝶结状，用剪刀剪断两端，作为头发。

（13）把蝴蝶结和头发用胶水和针线固定于头上，手偶完成。

（三）立体布艺制作——鞋子花器

创作意图：该创作既可以制作出教室内插花的小花器，还可以让幼儿学习系鞋带，锻炼幼儿的动手操作能力，训练幼儿的注意力与耐心。

建议：可以根据以下方法设计制作多种款式的鞋子，鞋子不仅可以作为花器，还可以制作成笔筒等装饰摆件。

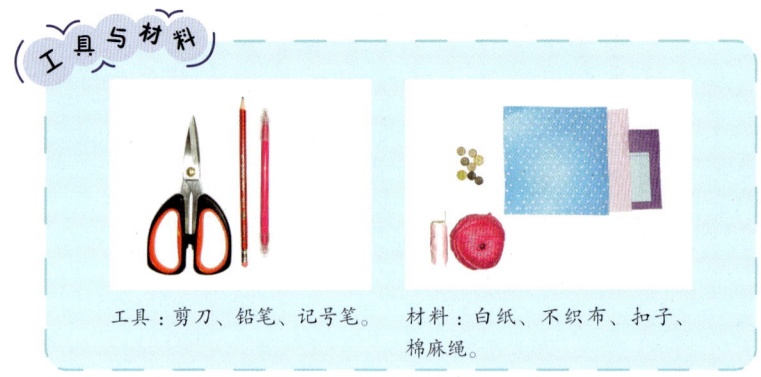

工具：剪刀、铅笔、记号笔。　　材料：白纸、不织布、扣子、棉麻绳。

制作步骤

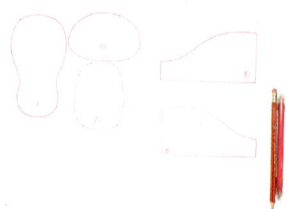
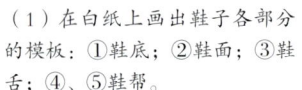

（1）在白纸上画出鞋子各部分的模板：①鞋底；②鞋面；③鞋舌；④、⑤鞋帮。

（2）把模板拷贝到不织布上，并沿线剪下鞋子的各部分。

（3）用回针缝把两片鞋帮连接起来。

（4）用回针缝把鞋帮与鞋底连接起来，注意鞋帮的缝合线要对齐鞋底的中线。

（5）把鞋帮翻过来，将缝线隐藏在鞋子内侧。

（7）把鞋面与鞋舌覆盖于鞋头，盖住鞋子的前端，注意摆正鞋面的位置，如果鞋舌、鞋面过大可以适当修剪调整，尽量把鞋头做饱满，鞋子比例协调，用平针缝固定鞋面。

（8）如图所示，在鞋帮两侧缝上扣子，注意扣子不能缝得松或者过紧，以刚好卡住绳子为宜。

（9）剪一段30cm长的绳子作为鞋带，为了便于幼儿操作，绳子不宜过细。鞋带由下往上绕过扣子，刚开始时鞋带两端要绕扣子一圈。

（6）将鞋面与鞋舌如图叠放，在中间位置用平针缝2-3针。

技能训练

课堂练习：练习本课提到的各种针法。

课外练习：运用所学的布艺针法，创作一个布艺作品。

训练目的：作品针法细致，设计能够兼顾艺术性与实用性。

（10）鞋带由下往上交叉绕扣子，最后打一个蝴蝶结，作品完成。

训练三 布艺的应用

布艺遍布人们的生活,它既能满足人们的生活需求,又能美化人们的生活环境,甚至还可以因为其安全环保、温馨舒适的特质而成为幼儿教育中的教学用具。

(一)生活中的布艺作品

图 3-6 的布艺书桌系列含有笔筒、卡包、抽纸巾盒和相框。作品以民族风为主调,因此选用的色彩对比强烈,装饰元素也是带有民间风味的牡丹花卉刺绣,作品实用,别致又美观,将其点缀在家中书桌上,一定别有韵味。

图 3-7 的可爱的圣诞收纳袋,人物造型生动、色彩搭配鲜艳和谐,不织布与麻绳、木珠、木扣子等辅料装饰相结合,使作品更显俏皮别致。

(二)校园里的布艺作品

图 3-9 的小笔袋——这个布艺作品别出心裁,作者将小女孩的裙子设计为装笔的袋子,可爱又实用。

图 3-11 的布艺时钟造型可爱,易引起幼儿认识时钟的兴趣。作者能将艺术与教育相结合,寓教于乐,实在难得。

图 3-12 是让低龄幼儿认识数字的布艺玩具。

布艺手偶造型可爱生动,可以用来表演小小布偶戏,是深受幼儿喜爱的一种布艺玩具。手偶在幼儿园里多应用于游戏和教学活动,教师和幼儿可根据内容选择手偶进行表演,也可选择自己喜欢的手偶进行创编讲述。(图 3-16)

图 3-6 贾灵敏

图 3-7 吴荞漫

图 3-8 陆薪宇

图 3-9 张 弘

图 3-10 贾秋静

图 3-11 见 静

图 3-12

图 3-13

图 3-14

图 3-15

图 3-16

图 3-17　胡家婵

图 3-18　蔡金熔　不织布

图 3-19

图 3-20　黄丽华　洪小珊

图 3-21　方　丽

图 3-22

图 3-23　张　弘

第四模块　编织

🔊 **训练描述：**
　　欣赏优秀的编织作品，认识生活中的编织工艺；学习缠、绕、编、结等基础编织技法，了解不同编织材料的特性及表现效果。

🔊 **训练目标：**
　　认识多种编织工艺，提高审美情趣。通过学习基础编织技法的创意运用，发散思维，要求每个学生创作1—2个原创编织作品。

🔊 **训练要求：**
　　熟练掌握几种基础编织技法，选择恰当的编织材料，设计制作独特新颖有创意的编织作品。

训练一　认识编织

　　编织，是指用细长的条状或片状物按一定的规律进行交织编合的手工艺术。据记载，人类从旧石器时代就开始运用植物的韧皮编织网兜，并结合石头作为攻击动物的武器。古时候，因为生活需要，我们的祖先还学会了利用植物的枝条、叶、茎、皮等来编织苇席、容器、蒲垫、灯笼等各类生活用品。随着社会的不断进步，人们不再满足于编织的生活实用性，而是将对美好生活的向往投射在编织的造型、色彩纤维质感中，创作出各种极富创意的艺术作品，从而使编织上升为一种实用性与装饰美相融合的艺术。

　　编织的种类按材料划分，主要有竹编（图4-1）、藤编（纸藤编织与自然藤类植物编织）（图4-2）、草编（图4-3）等种类；按编织的功能划分，主要有生活日用品类（如各种提篮、凉席、坐垫等）（图4-4）、家具类（沙发、桌子、床、椅子等）（图4-5）、家居饰品类（壁画、屏风、花瓶等）（图4-6）、服饰类（衣服、围巾、鞋、帽、首饰等）（图4-7、图4-8）。

图 4-1

图 4-2　玉爱转

图 4-3

图 4-4

图 4-5

图 4-6

图 4-7

图 4-8

训练二　表现技法

编织的技法种类繁多，主要分为绕、缠、串、编、织、结等几大类。不同的编织工艺，使编织作品产生丰富多样的纹理图案和造型。在传统观念中，编织是纷繁复杂而又精巧绝伦的一门技艺，在现代学前儿童艺术教育中，应顺应儿童的认知规律，从传统编织品的组合编织方法中选取1—2种编织技法，如经纬编织、包缠编织、绕线编织、双向平结等，科学地对其进行简化，并巧妙添加其他材质和工艺，将教学内容设计为完整、简单，且具有可操作性的新颖有趣的课程。本章节我们将运用幼儿便于使用的扭扭棒、卡纸、纸藤、玉线等，介绍编织工艺绕、缠、编、结等技法的趣味运用。

一、绕线编织——葡萄绕线画

工具与材料：毛线、扭扭棒、锯齿形卡纸、打孔器、塑料针、胶水。

制作步骤

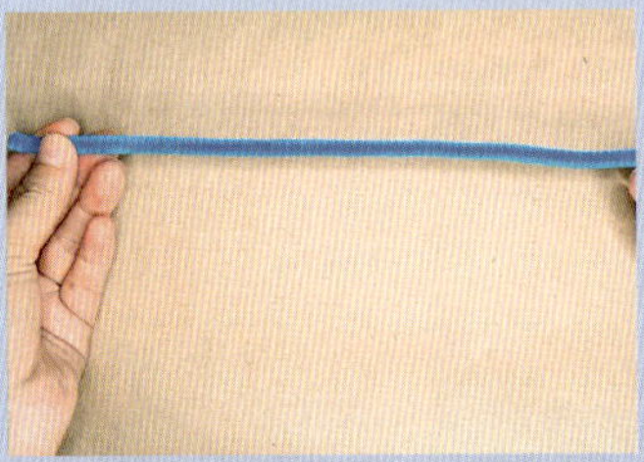

（1）取一根扭扭棒。

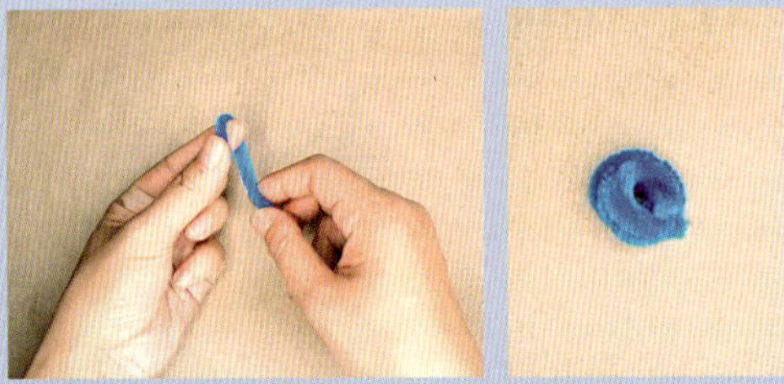

（2）在手指上进行缠绕。

（3）重复前面步骤。

（4）取锯齿形卡纸，在一侧打孔。

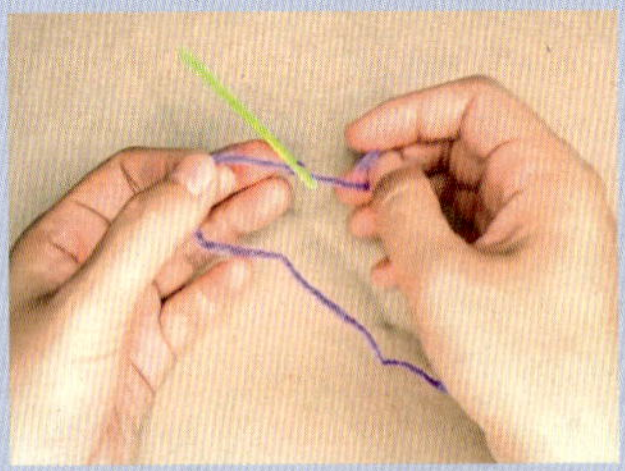

（5）取130cm长的毛线，穿针。

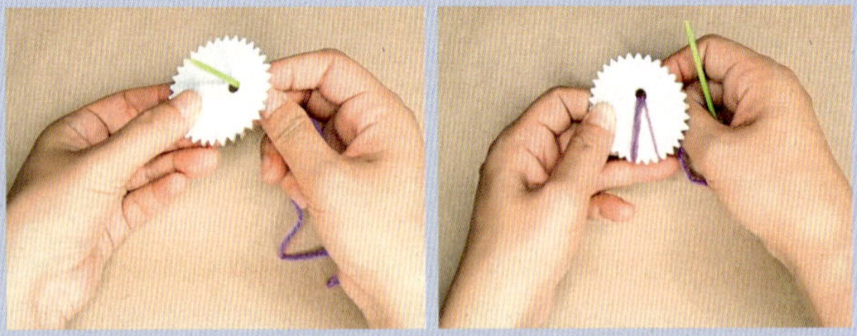

（6）穿过卡纸孔，间隔2—3个锯齿，绕线2次。

（7）绕出叶子的形状。

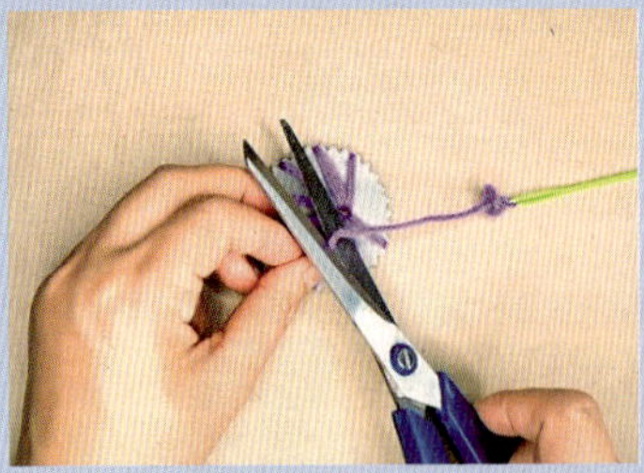

（9）剪掉线头。

（10）重复制作葡萄叶子。

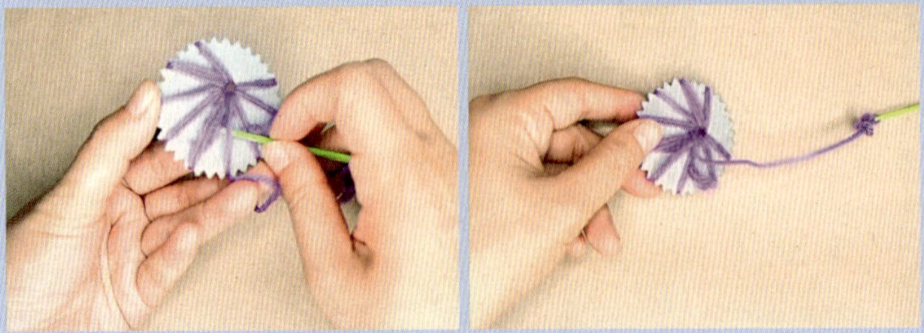

（8）翻到背面，将线头隐藏、固定。

（11）组合、粘贴、固定。

二、经纬编织——创意织锦图案

工具与材料：卡纸、剪刀、彩笔、织锦图案 A4 打印纸。

工具与材料

制作步骤

（1）将织锦图案元素提取，按照 3cm 的宽度和长度在电脑中排列好，并打印。

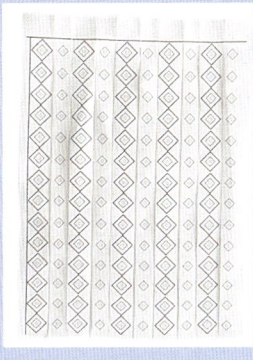

（2）选出一张打印纸，将图案分列依次剪裁，顶部不完全剪断。

（3）将另外的打印纸剪成纸条，再剪一些 3cm 宽的彩色带状卡纸，备用。

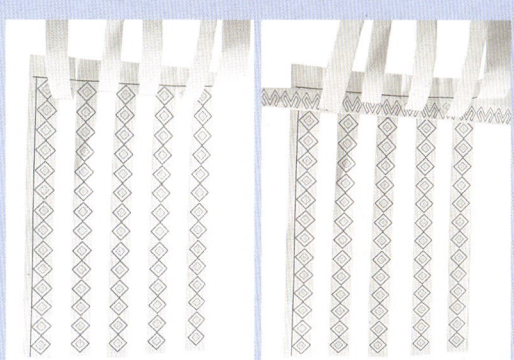

（4）隔一翻一，穿入纸条。

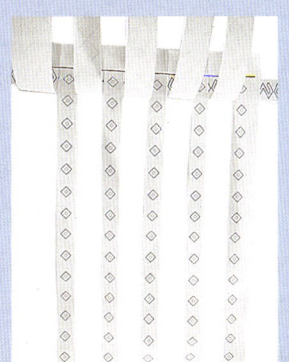

（5）将上一步中翻起的纸条放下，没有上翻的纸条翻起来，插入纸条。

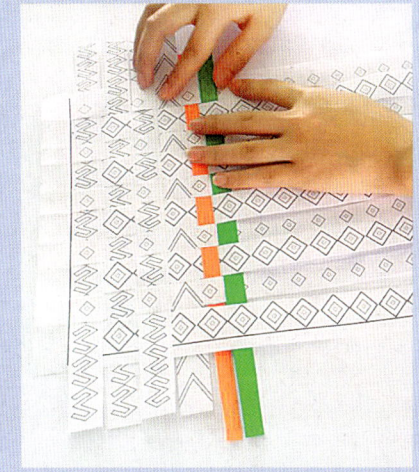

（6）重复上一步骤，插入彩色带状卡纸装饰。

（7）绘制图案并上色。

第四模块　编织

75

三、纸藤编织——收纳篮、收纳盒

1. 十字编织法

工具与材料：尖嘴钳，热熔胶枪，剪刀，锥子，紫色带铁丝纸藤，黄色、绿色无铁丝纸藤。

十字编织法步骤　吴荞漫

（1）把9根紫色带铁丝纸藤（每根长约20 cm）拉直，按横4竖5摆成十字形作为篮子的主枝干。

（2）把下面一组（5根竖枝）枝干最外面的那根绕上面一组枝干两圈。

（3）在绕圈的那根枝干末尾接上黄色无铁丝纸藤，开始编织篮子的底部。

（4）黄色无铁丝纸藤上下绕十字主枝干约4圈。

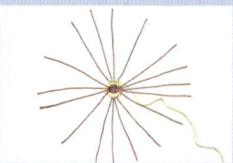

（5）把主枝干均匀分开。

（6）黄色无铁丝纸藤上下绕过每一根主枝干，开始编织。

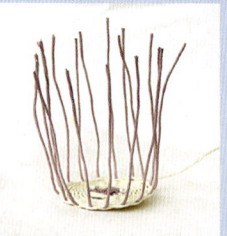

（7）黄色无铁丝纸藤绕主枝干编织约18圈后，把主枝干根据设计的篮子的外形立起来，完成篮底。

（8）黄色无铁丝纸藤沿着主枝干继续里外往上绕编，绕到合适的高度后把尾部塞进前面的编织的缝隙里。

（9）把主枝干的尾部也收到编织的缝隙里，在篮子两边对称处各留出两根主枝干作为篮子的提手。

（10）留出来的主枝干，同一边的两根互相缠绕，形成环状，最后把尾部塞进缝隙里隐藏好。

（11）用绿色无铁丝纸藤绕两片"小叶子"，并将"小叶子"粘在篮子上作装饰。

（12）完成图。

2. 井字编织法

工具与材料：白色带铁丝纸藤，黄色、橙色无铁丝纸藤。

井字编织法步骤

盒身

（1）把12根白色带铁丝纸藤（每根长约30 cm）分成四组，每组3根，如图摆成井字形。

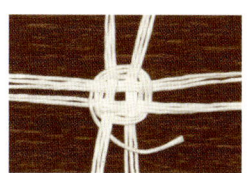

（2）用横向摆放的一组最外的那根以每组主枝为原点逆时针上下绕编。

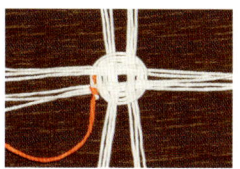

（3）绕了约3至4圈后在绕圈的主枝末尾接上橙色无铁丝纸藤。

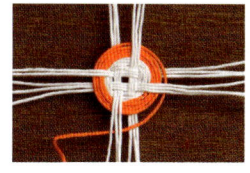

（4）橙色无铁丝纸藤上下绕每一组主枝约5圈。

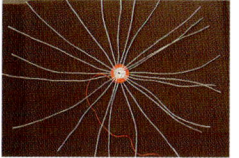

（5）将主枝均匀分开。

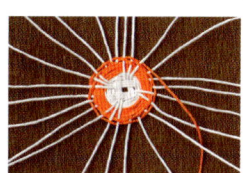

（6）以橙色无铁丝纸藤绕着每一根主枝上下编织篮子的底部。

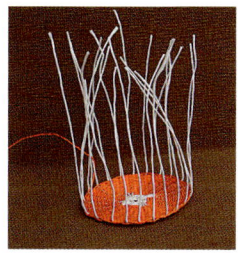

（7）底部绕缠大约20圈后将主枝垂直立起。

（8）橙色无铁丝纸藤继续沿着主枝里外地绕编，绕到设计好的高度后把尾部隐藏进编织好的缝隙里。

（9）把主枝的尾部也横向塞进邻近的主枝缝隙里。

（10）盒身完成。

盒盖

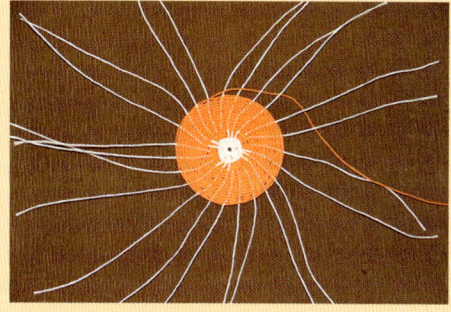

（1）盖子底部的编织与盒身编织步骤（1）至步骤（5）相同。注意盖子底部要比盒身底部稍大些。

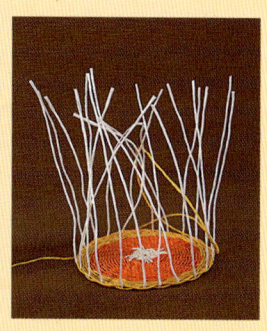

（2）在编织了大半的底部后剪断橙色无铁丝纸藤，接上黄色无铁丝纸藤继续绕上几圈，然后将主枝垂直立起。

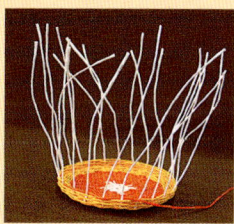

（3）再换橙色无铁丝纸藤里外续编。

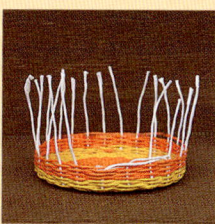

（4）编织大约6圈后主枝开始收起。

（5）从盖子的顶部往下穿一根带铁丝的纸藤，把其尾部绕紧并隐藏进编织缝隙里。

（6）做成一个盖子提环，并在提环上系上蝴蝶结。

（7）作品完成。

四、结艺——挂件、饰品

1. 双向平结——小蜻蜓

工具与材料：红色玉线、珠针、串珠、垫板。

编织步骤

（1）取一根 90cm 长的 6 号红色玉线，从两头穿入珠子。

（2）两珠之间留 12cm 的间距，然后对折，用珠针固定。

（3）将左线交叉放在右线上。

（4）右线搭在左线上，绕到后面，穿入左孔，拉紧双绳。

（5）将右线交叉放在左线上。

（6）左线搭在右线上，绕到后面，穿入右孔，拉紧双绳，制作成一个完整的双向平结。

（7）预留翅膀的长度，重复步骤（3）至步骤（6），制作三个双向平结。

（8）重复步骤（3）至步骤（6），不预留翅膀长度，制作 5 个双向平结。

（9）剪掉多余的线头。

2. 祥云结步骤

工具与材料：黄色玉线、绿色玉线、珠针、垫板。

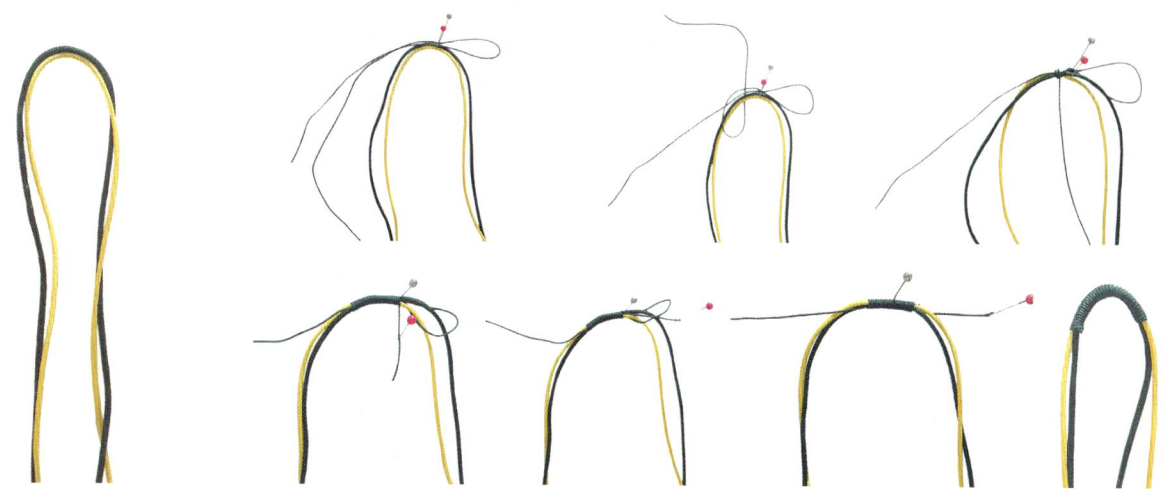

1. 将一条 1.5m 长的 6 号绿线和一条 1m 长的 6 号黄线对折。

2. 另取一条 70cm 长的 72 号绿线对折，用其中一条绕线，将线头从对折的线圈中穿出，抽紧，做成秘鲁结，剪掉多余线头。

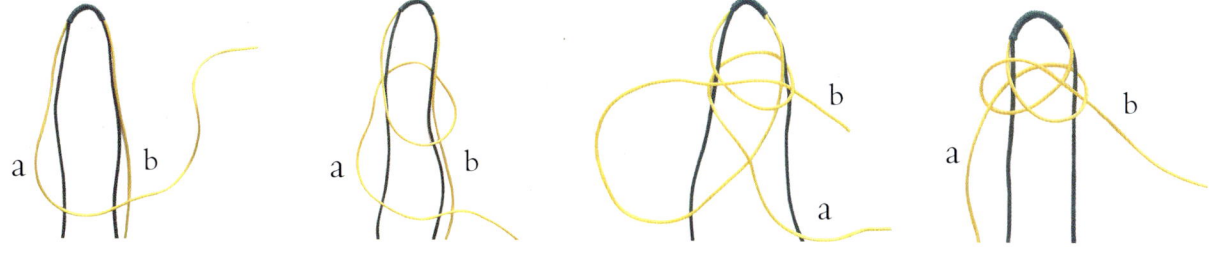

3. 将 a 线交叉放在 b 线上，然后从后面绕一圈，放在 b 线上，b 线顺时针从线圈中穿出，收紧，制作成一个蛇结。

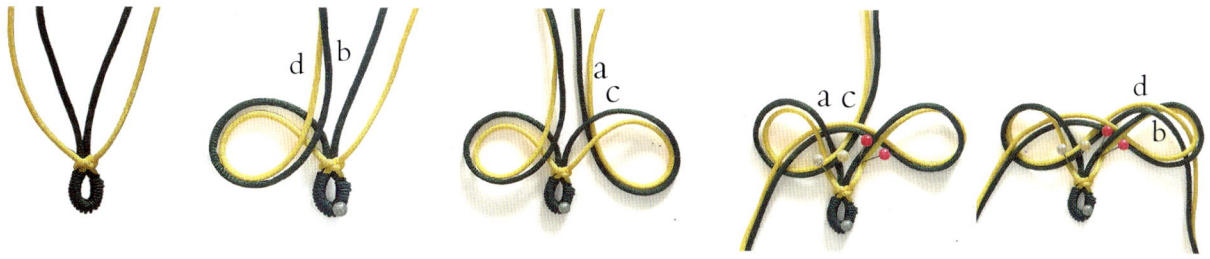

4. 把结倒置，然后 bd 线逆时针绕圈，ac 线顺时针绕圈。

5. ac 线从外至内在左圈里穿出，bd 线从内至外在右圈里穿出。

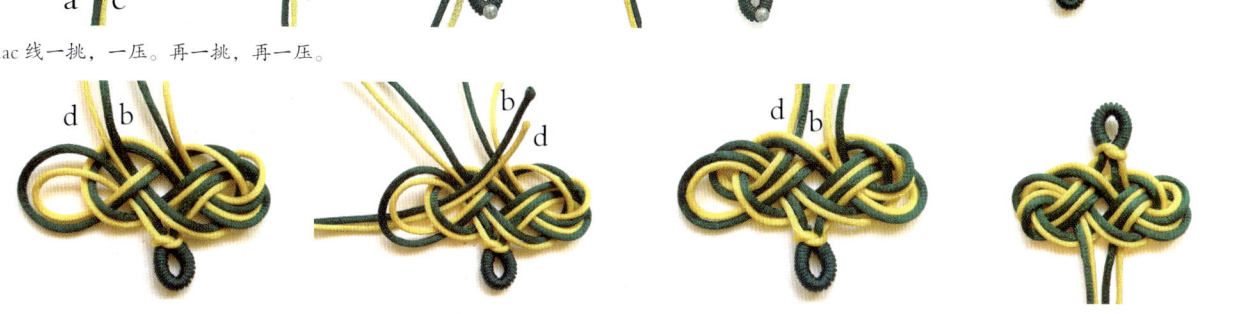

6. ac 线一挑，一压。再一挑，再一压。

7. bd 线一挑，一压。再一挑，再一压。祥云结完成。

学前教育专业"十四五"规划教材 **美术（下）**

8. 按照步骤3做一个蛇结。

9. 按照步骤2取30cm长的72号绿线做秘鲁结，参考P78页蜻蜓编法步骤3—步骤6，编5个双向平结。重复步骤3，用黄线编蛇结。

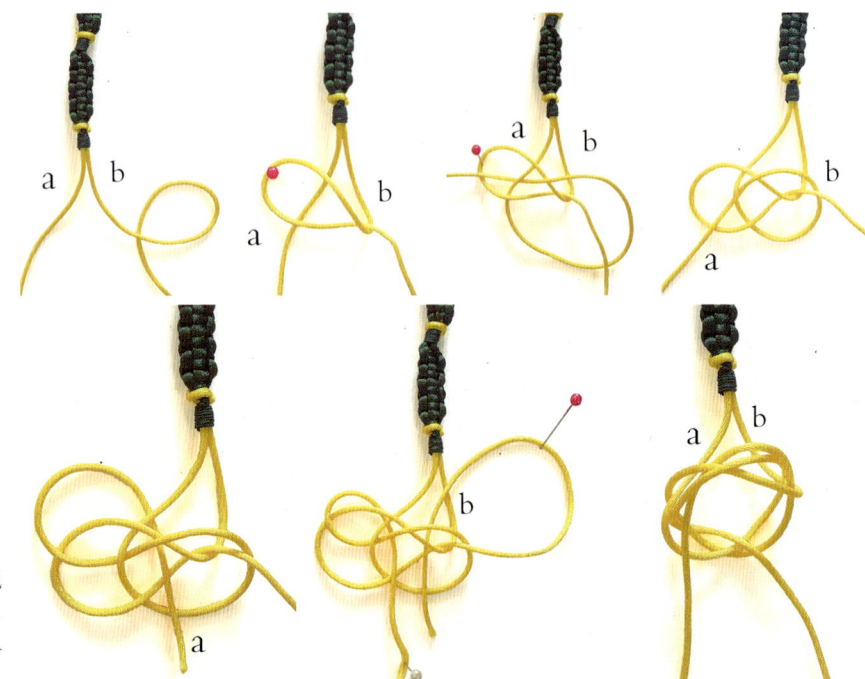

10. 重复步骤9，做3次秘鲁结—双向平结—蛇结，并在蛇结后面多做一个秘鲁结，将绿色线头剪掉。

11. 将b线逆时针绕圈，放在a线上，a线线头从b线下面穿过，穿入线圈，挑过a线，穿出线圈a线从后方穿入中间孔中，b线从前方穿入中间孔中，做成一个双线纽扣。

12. 将绿线按照黄线的走向穿入、缠绕、收紧。

13. 剪掉多余的线头。

3. 双线结——如意中国结

工具与材料：珠针、垫板、红色玉线、黄色玉线。

编织步骤

（1）取一根170cm长的6号红色玉线折成两段，a线比b线长出20cm。

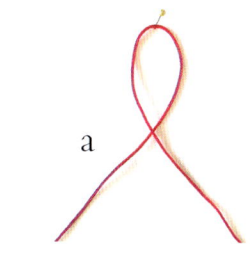 

（2）将a线逆时针绕2圈。

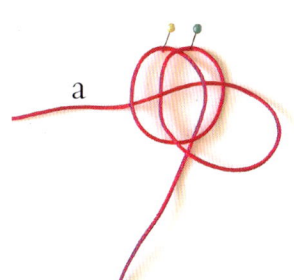 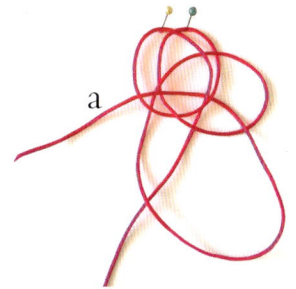 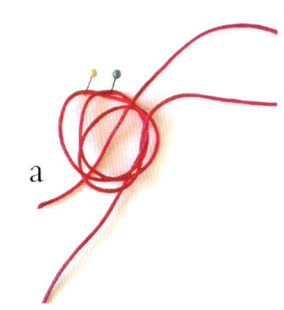

（3）a线从右至左，按照压—挑—压的顺序穿出。

（4）a线按照压—挑的顺序从中间孔穿出。

（5）a线再从中间穿回，形成一个可以灵活调整的单线纽扣结，并收紧。

 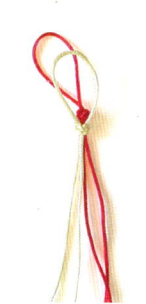  

（6）再取一根170cm长的6号黄色玉线，制作第二个单线纽扣结，并将第一个结的线头穿入第二个结的结心，收紧。然后再将线拉紧但不抽出。

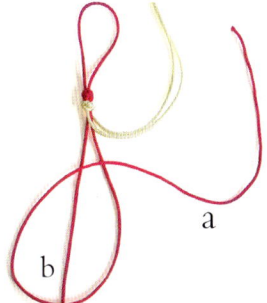 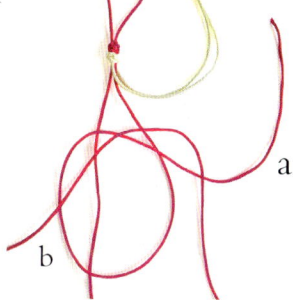  

（7）将a线顺时针绕1圈。b线逆时针绕1圈，并按照挑—压—挑的顺序穿出，制作出上方的双线结。黄色线条顺着红色线条的走向依次穿过，形成双层双线结。

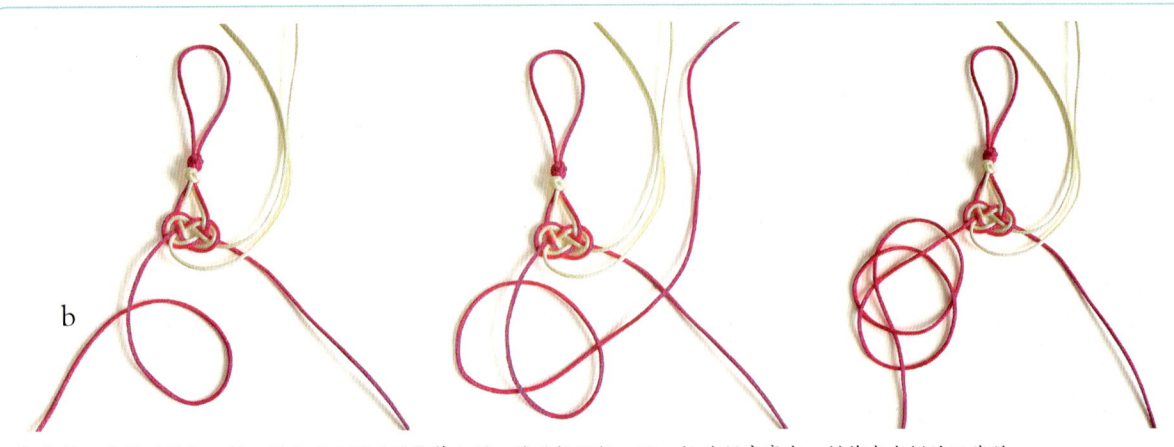

（8）将b线逆时针绕1圈，再从下方逆时针绕第2圈。然后按照挑—压—挑的顺序穿出，制作出左侧的双线结。

（9）将a线顺时针绕1圈，再顺时针绕第2圈，挑出。然后按照压—挑—压的顺序穿出，制作出右侧的双线结。　（10）调整大小。

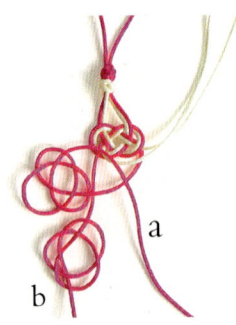 

（11）将a线顺时针绕1圈，放在b线上。将b线逆时针绕1圈，然后按照挑—压—挑—压的顺序穿出，制作出中间的菱形交叉。　（12）黄色线条顺着红色线条的走向依次穿过。　（13）按照步骤（7）制作出下方的双线结。

（14）参考祥云结编法步骤11，分别用红线和黄线制作出双线纽扣结，并将红线纽扣结的线头穿入黄线纽扣结的结心，收紧。　（15）制作凤尾结。

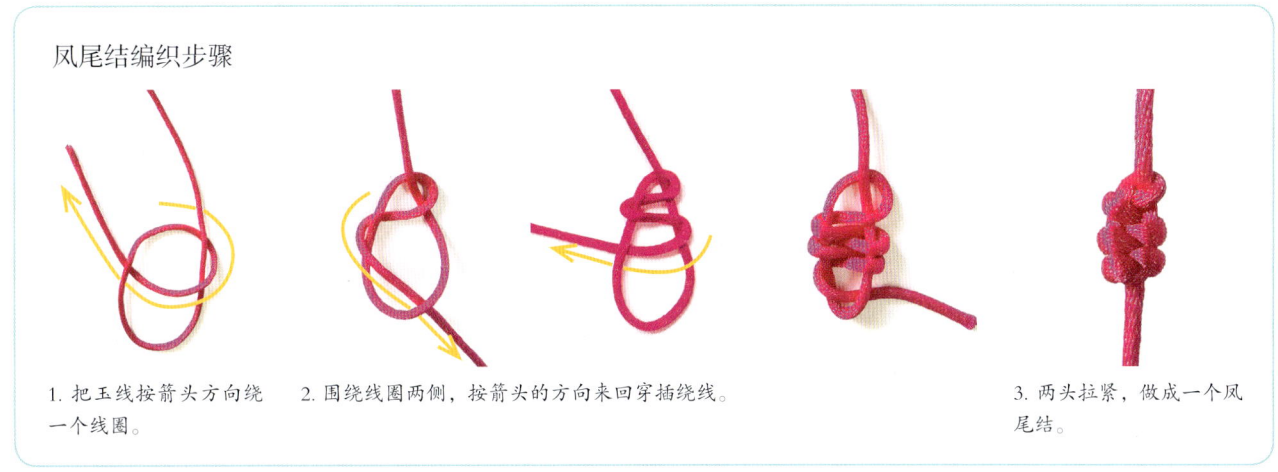

凤尾结编织步骤

1. 把玉线按箭头方向绕一个线圈。
2. 围绕线圈两侧,按箭头的方向来回穿插绕线。
3. 两头拉紧,做成一个凤尾结。

训练三 编织的应用

在幼儿教育领域,编织不仅仅是一种环境装饰的手段,由于其纹理与技法的反复性、变化性,其也成为培养和发展幼儿逻辑思维能力、动手能力的良好途径。图4-9、图4-10是低龄幼儿的玩具——绳子迷宫玩具、不织布编织玩具。图4-11至图4-13以彩色毛线为材料,通过缠绕和编织的方式制作出精美抽象的装饰品。图4-14至图4-16是编织工艺在幼儿园区域环境中的应用。以上作品体现出编织操作简单、选材便利的特点。同时,也反映了基础编织方法的灵活运用可以制作出别具一格的生活日用品和装饰品。

图 4-9

图 4-10

图 4-11

图 4-12　　图 4-13

83

图4-14 胡家婵

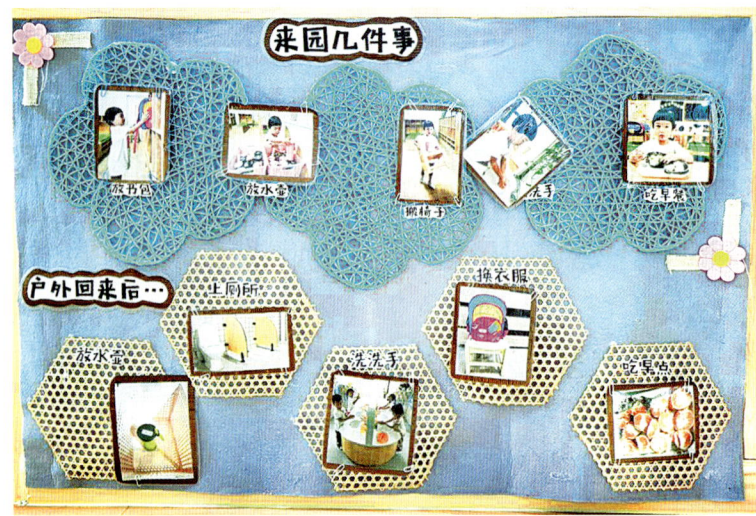

图4-15

图4-16 陆薪宇

图4-17

图4-18

图4-19 杨榕

图4-20

图4-21 黄颖

技能训练

课堂练习：多练习绕线编织和经纬编织。

课外练习：设计创作一个编织作品。

训练目的：熟练运用编织手法，掌握编织的基本要领与技巧。使创作的作品造型新颖，既有艺术美感又有实用性。

第五模块 综合材料

🔊 **训练描述：**
　　根据步骤图例，学习制作不同种类的综合材料手工作品；欣赏优秀的综合材料手工作品，发散思维，要求每个学生创作1—2个原创综合材料手工作品。

🔊 **训练目标：**
　　了解各种材料的艺术表现效果、特性，学习常用的综合材料手工作品制作技法，能够灵活地运用艺术语言创作出适用于儿童美术教育的综合材料手工作品。

🔊 **训练要求：**
　　能够灵活利用废旧材料，材料选择恰当，手工作品设计新颖、制作精致，能够符合儿童的审美情趣，具有一定的教育作用。

训练一　认识综合材料手工

　　综合材料的概念与范畴，是相对一种材料而言的，是多种材料共同组合而成的。在学前美术领域的教学中，综合材料手工通常是指将两种及两种以上的材料共同运用于一件美术作品中，通过丰富的材料体现材质本身的肌理特征和质感，从而给人们带来全新的视觉、触觉体验。在综合材料手工制作中，不仅包含了材料的综合，同时也包含了创作手法的综合和艺术形式的综合，其优点在于材料丰富多样、选择范围广泛、制作手法与表现技法灵活，艺术形式丰富多样，非常适宜学前美术教学领域中对手工教学的丰富性需求。

　　综合材料手工制作在学前教育领域一般按使用功能划分为：环境装饰类综合材料手工（图5-1）；教学游戏类综合材料手工（图5-2）；生活饰品类综合材料手工（图5-3）；儿童玩具类综合材料手工（图5-4）。每一个优秀的综合材料手工作品，其使用功能也是多样化的。例如，教学游戏类的综合材料手工除了可以为教学所用外，还能通过其艺术造型给儿童一种艺术熏陶；儿童玩具类综合材料手工还能寓教于乐；生活饰品类综合材料手工不仅实用，还能装饰美化生活环境。所以综合材料手工制作内容丰富、形式多样并富有

图5-1　环境装饰类综合材料手工

图5-2　教学游戏类综合材料手工

图5-3　生活饰品类综合材料手工

图5-4　儿童玩具类综合材料手工

创意，既蕴含艺术性又具有实用性。

手工制作选用的材料丰富多样，一般分为自然材料和人工材料两大类。

一、自然材料，即在大自然中获取的任何一种没有经过人为改造或加工过的自然物体。例如各类植物、石头、泥土、贝壳等。（图5-5）

二、人工材料，指人们对原生态物体进行加工改造、提炼后生产出来的产品。综合材料手工常见的人工材料多为生活当中的废旧物品，可分为纸质类、塑胶类、金属类、布皮类等。我们可根据自己的设计意图，灵活地利用这些废旧物品本身的特性，物尽其用，创作出优秀的手工作品，真正做到"变废为宝"。（图5-6）

图5-5　自然材料类综合材料手工　邓嘉淇　　图5-6　人工材料类综合材料手工

训练二　表现技法

在学前教育领域，综合材料手工制作重点强调实用性和形式美，不同的材料因其不同的质感、肌理、色彩、形态可以表现出新颖独特、风格迥异的艺术语言。因此，在创作之前要对不同材料的艺术表现效果有所了解。综合材料手工制作的技法有粘贴、剪切、拼贴、串连、镶嵌、编、团、揉、搓、捏、接、按压等。

自然材料：有形态各异、色彩丰富的树叶、种子、花卉、草、树枝、木头、果壳等；还有造型多样的石头类、贝壳类、泥土类、动物羽毛类等。可以利用这些材料本身的形态、肌理和颜色制作出自然、清新、朴实的手工作品。（图5-7、图5-8）

人工材料：多以一些废旧材料为主，如：纸质类常见的有瓦楞纸、鞋盒纸、卡纸、旧报纸、牛皮纸、挂历纸、海绵纸、包装纸、纸盘、纸杯等，造型可塑性强、装饰手法多样，可创作出多种艺术效果，但耐用性较差。（图5-9）

塑胶类常见的有各类塑料瓶、塑料袋、橡皮胶、橡皮筋、文件夹等，给人以华丽、现代、时尚感。（图5-10）

金属类常见的有易拉罐、月饼盒、奶粉罐、膏管等，铁、铜、铝、钢等金属材料可以制作出具有亮泽感、厚重感、现代个性感的作品。（图5-11）

布皮类常见的有旧衣服、旧毛巾、旧皮包、旧皮鞋、旧皮带、旧皮沙发等，给人以现代、时尚感。

图5-7　　　　　图5-8

图5-9

图5-10

图5-11

一、以纸材为主要材料的表现技法

滑翔飞机制作步骤

工具与材料：卷筒纸芯、包装纸、彩色卡纸、固体胶、剪刀等。

（1）用包装纸包裹卷筒纸芯并贴在卷筒纸芯上作机身。

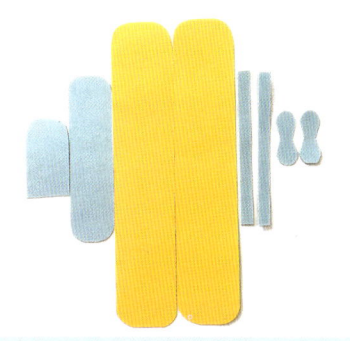

（2）剪出机翼、螺旋桨等配件。

（3）在机身中间安装机翼。

（4）在飞机的尾部安装机尾。

（5）制作螺旋桨。

（6）在飞机的头部安装螺旋桨。

（7）贴上装饰整体调整完成。

二、以泡沫为主要材料的表现技法

小蜜蜂制作步骤

工具与材料：泡沫、扭扭绳、颜料、生宣纸、白乳胶等。

（1）将生宣纸撕成条状贴在半圆形泡沫上，晾干，作为蜜蜂的身体。

（2）用颜料画出蜜蜂的斑纹。

（3）贴上眼睛。

（4）把扭扭绳捏成翅膀的形状并贴在蜜蜂身体两侧。

（5）用扭扭绳捏出触角并贴在蜜蜂头部，作品完成。

范例欣赏

龚 萍

张秀霞

三、以塑料为主要材料的表现技法

小花鹿制作步骤

工具与材料：塑料瓶、纸杯、卡纸、黏土、铁丝纸藤、热熔胶、剪刀、美工刀等。

（1）用卡纸剪两只耳朵。

（2）在纸杯上切出两条小缝。

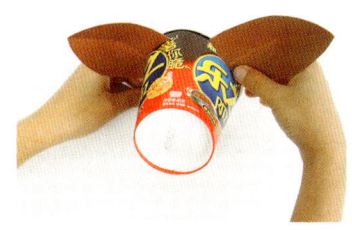

（3）把剪好的耳朵插进小缝里。

（4）在纸杯两侧粘贴两个瓶盖作为小花鹿的眼睛。

（5）用铁丝纸藤绕两个螺旋圈圈，在耳朵背后扎两个口，把纸藤插进去，作为小鹿的两个角。头部完成。

（6）用黏土压出若干个圆泥片，将之粘贴到三个塑料瓶身上。

（7）把三个塑料瓶如图用热熔胶粘起来作为小鹿的身体部分。

（8）用卡纸剪出一小段流苏似的线条作为鬃毛。

（9）把鬃毛粘到小鹿的脖子后。

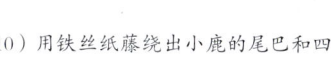

（10）用铁丝纸藤绕出小鹿的尾巴和四条腿。

（11）把腿、尾巴和身体用热熔胶黏合起来。

（12）最后安好头部，小花鹿制作完成。

四、使用多种类型材料的表现技法

鲤鱼风铃的制作步骤

工具与材料：鸡蛋托、颜料、剪刀、笔、针、黄色卡纸、粉色绳子、黑白软陶泥。

（1）把鸡蛋托剪成单个，共剪七个。

（2）给剪好的鸡蛋托涂颜料。

（3）用七个鸡蛋托制作鱼的身体部件，每个鸡蛋托都要戳个洞。

（4）用黑白软陶泥捏出鱼的眼睛。

（5）用笔在鸡蛋托上画出纹路，做鱼的尾巴。

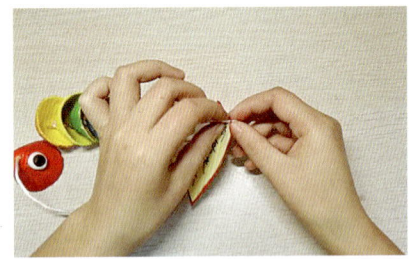

（6）用绳子把鸡蛋托都串起来，每串一个打一个结。

（7）用黄色卡纸剪一个长方形，再用红色颜料把长方形的边涂红。

（8）在卡纸的一面写"年年有余"，另一面写"新年快乐"。

（9）在卡纸上戳个洞，把卡片最后串起来，打个结，制作完成。

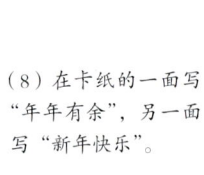 **技能训练**

课堂练习：使用废旧的纸杯等进行综合材料手工制作。
课外练习：使用自然材料制作幼儿园环境装饰品。
训练目的：培养学生的发散思维能力和创新能力，让学生不断思考生活中所见的各种材料的运用方法。

训练三　综合材料手工作品的应用

一、综合材料手工作品在幼儿园环境创设中的应用

综合材料手工作品在幼儿园的环境创设当中被广泛应用，在幼儿园各个区域的环境创设装饰当中有许多是利用综合材料手工制作的作品。综合材料手工作品主要以实用、美观、环保为主，它强调实用性，要求做到既能美化幼儿园的区域环境，又可以培养幼儿的审美情趣。环境是重要的教育资源，幼儿园应该通过创设环境与利用当地风俗文化，有效地促进幼儿的发展。（图5-14、图5-15）

图5-12的瓶子人物装饰，以瓶子为元素，运用不同衣服装饰瓶身。来源于儿童生活，富有生活情趣，色彩明亮，形式丰富多样，深受儿童的喜爱。

图5-13的家园联系栏使用了旧纸壳、麻绳、海绵纸等废旧材料制作而成，通过树叶的点缀突出森林主题，藏在树叶后的小动物形象活泼生动，充满了童趣。

图 5-12

技能训练

课堂练习：使用常用的工具与材料进行综合材料手工创作。

课外练习：用一些常见的废弃材料或是半成品设计制作一个综合材料手工作品。要求作品设计新颖独特，作品环保、美观、实用。

训练目的：使学生了解各种材料的特征，并能合理根据材料特性创作不同的艺术作品。

图 5-13

图 5-14

图 5-15

二、综合材料手工作品在幼儿园教学中的应用

幼儿园的主要活动群体是儿童。由于儿童具有自我保护能力较弱、自我控制能力差、好奇心强、好动等特点，因此，运用于幼儿园教学、游戏活动的玩教具类的综合材料手工作品除了要考虑其教育功能和娱乐功能外，还要求所选择的手工材料安全、卫生、牢固结实。

图5-16的综合材料手工玩教具在幼儿园教学角色区被广泛运用，在角色游戏教学中效果较好，蛋糕和饼干色彩丰富，形象生动，富有生活味道，深受儿童的喜欢。

图5-17的黏土多肉，造型准确，形象逼真生动，色彩丰富，让儿童深入观察且热爱大自然，不同颜色的小鸟增添了活跃的气氛，很有趣味性。

图5-18、图5-19的手工贴树叶动物，易于操作，让儿童深入观察大自然，学会运用各类形状的树叶来制作各类动物，动物形态生动，富有生活乐趣。

图5-16

图5-17　黎媚英

图5-18

图5-19

范例欣赏

第五模块　综合材料

董欣荟

第六模块　幼儿园玩教具设计与制作

🔊 **训练描述：**

玩教具制作并不仅仅是手工制作，其设计思路必须与学前教育理论相结合。本训练通过对玩教具案例的分析讲解，使学生了解并掌握玩教具的设计原则，在循序渐进地完成训练作业的过程中，学会如何灵活运用前期所学的手工制作技能与学前各个领域的教学和游戏活动进行有机结合，能够独立设计并制作完成玩教具。

🔊 **训练目标：**

1. 通过学习玩教具的设计案例及制作方法，了解玩教具设计的原则和方法。
2. 能够通过模仿进行玩教具制作；能够有针对性地为某个教学或游戏活动设计制作玩教具。
3. 能够灵活利用综合材料进行玩教具制作。

🔊 **训练要求：**

本训练通过大量的实操练习，在使学生熟悉玩教具的形式、常用材料、制作特点的基础上，将理论教学内容融入玩教具案例分析和作业讲评中，加深学生对于玩教具设计原则的认识，在进行玩教具设计的过程中提高学生的创造力和学习的迁移能力。

训练一　幼儿园玩教具设计概述

玩教具指在学前教育活动中，教师和幼儿在游戏或教学活动中使用的玩具、教具。区别于广义的玩具，玩教具是教育者根据一定的教育目的，有计划地选择或自行制作的，是专门为教育特定年龄阶段的幼儿而设计和设置的。

一、玩教具种类

幼儿园玩教具可有不同的分类：按领域分类，有健康领域、语言领域、社会领域、科学领域、艺术领域等；按区角（活动区域）分类，有语言类、建构类、体育类、益智类、科学类、角色类等；按材质分类，有塑料类、纸质类、实木类等。

二、自制玩教具的设计原则

1. 安全性：符合安全标准，符合卫生要求。
2. 教育性：符合幼儿身心发展特点，以幼儿发展为本，落实"以游戏为基本活动"的理念，鼓励幼儿主动参与活动，强调幼儿根据经验和兴趣进行自主选择和学习，从玩教具的不同玩法中

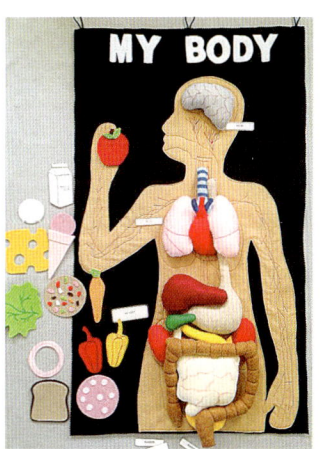

图 6-1

图 6-2

图 6-3

图 6-4

获得多种经验。

3. 科学性：玩教具的功能在于把抽象的概念具体化，让幼儿通过操作学习和理解抽象的概念，要求涉及的知识、概念与原理正确，符合幼儿身心发展的特点和水平。

4. 趣味性：能激发幼儿的活动兴趣，符合幼儿的审美情趣，操作过程有趣。

5. 可操作性：制作玩教具的目的是将其用于幼儿日常的教学活动中，玩教具应坚固耐用，便于操作和使用；还可在设计中加入开放性设计，有利于幼儿探索。

6. 简易性：就地取材，成本低廉，制作过程简单。

玩教具设计也应重视幼儿的参与和互动，可引导幼儿参与设计制作，在激发幼儿的创造力和想象力的同时提高其动手能力。教师则可在观察幼儿使用玩教具的过程中对设计进行完善。

此外，玩教具是文化传承的重要工具和手段，自制玩教具应充分挖掘本地区的民族文化和地方特色，通过自制玩教具向幼儿传递民族文化、多元文化概念，帮助幼儿认识和理解。

图 6-5

图 6-6

图 6-7

图 6-8

图 6-9

技能训练

课堂练习：观察、分析实例图片。

练习要求：结合玩教具的设计原则对图片进行观察分析，并提出意见。

图 6-10

图 6-11

图 6-12

训练二　五大领域玩教具设计与制作

一、健康活动玩教具

幼儿园健康教育目标：身体健康，在集体生活中情绪安定、愉快；生活、卫生习惯良好，有基本的生活自理能力；知道必要的安全保健常识，学习保护自己；喜欢参加体育活动，动作协调、灵活。

幼儿园健康教育活动涉及的内容很广，简单理解，可分为身体锻炼和身体保健两大方面的活动内容。身体锻炼活动的主要内容包括：身体活动的知识和技能，身体素质练习，以及基本体操和队列队形练习。身体保健活动的主要内容包括：生活习惯和能力、饮食与营养、人体认识与保护、保护自身安全等。

1. 身体锻炼类玩教具的设计与制作

在体育活动过程中使用玩教具可激发幼儿兴趣，使体育游戏玩法多变、丰富有趣。应鼓励幼儿主动探索玩教具的玩法，创造性地进行身体运动。

常见的身体锻炼类玩教具可以促使幼儿进行走、跑、跳、投掷、平衡、钻爬等基本动作；可以提高幼儿平衡、协调、灵敏、柔韧、力量、速度等身体机能。图6-15为玩教具比赛中的获奖作品，推动后随着滚筒转动，侧方的瓶子也会转动，同时铃铛发出声响。本款玩教具外形有趣且会发出声响，在玩的过程中，幼儿可练习走、跑。此外，可将绒球、玩偶、呼啦圈等进行悬挂，供幼儿跳起碰触或者投掷沙包。（图6-16、图6-17）。图6-18的作品的使用方法是，幼儿需在地垫上迅速找出与骰子朝上的那面图案相同的四个格子，手脚着地放在格子

图6-13

图6-14

图6-15

图6-16

图6-17

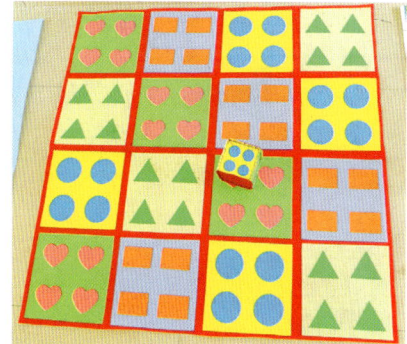
图6-18

图6-19　手拉滚筒

图6-20　保龄球

图6-21

内。此游戏可单人玩，也可双人比赛，有利于提高幼儿身体协调能力，增强幼儿手臂和腿部的肌肉力量。

可用于身体锻炼活动的玩教具和材料非常多，应多观察幼儿在游戏中对玩具的使用，要结合幼儿兴趣设计各种配合锻炼使用的道具。生活中很多的结实耐用的材料都可以用于制作身体锻炼类玩教具，如易拉罐、纸箱、竹子、木棍、PVC管等。

图6-22 抛抛乐

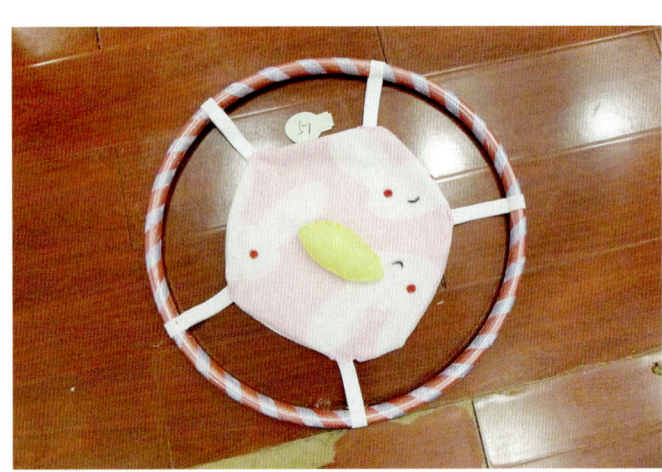

图6-23 水果接抛

图6-24 抛绣球

图6-25 打地鼠

图6-26 接抛器

图6-27 健身毯

2. 身体保健类玩教具的设计与制作

在健康认知活动中使用玩教具，可以直观地帮助幼儿对人体生理结构和卫生安全知识进行了解。在培养好的生活习惯的过程中，实际操作或实物演示的教学效果都远远超过纯语言讲述或观看视频。如学习刷牙时，提供牙齿模型和牙刷让孩子练习。牙齿模型可用成品教具，也可用超轻黏土自制，自制的优势在于可以制作大尺寸的模型，在组织集体教学过程中便于观看。

在设计身体保健类玩教具时，可与其他领域教学进行结合，实现多种功能。如图6-35中的玩具，幼儿在玩的过程中可锻炼肺活量；而空气浮力游戏则可以吸引幼儿探究小球飞起的原因。图6-32至图6-34中，这位同学制作出背景和角色，配合故事讲述，将病毒防护保健知识与语言领域进行结合，易于幼儿理解接受。此玩教具可投放在区域中，供幼儿回顾和讲述故事。

图6-28 身体的秘密

图6-29 刷牙练习

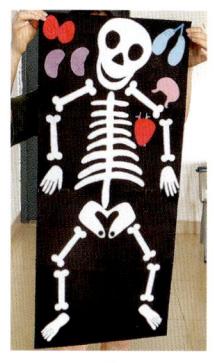
图6-30 我们的骨骼

图6-31 食物金字塔

图6-32 蓝苑萱 美味村抗毒记

图6-33 蓝苑萱 美味村抗毒记

图6-34 蓝苑萱 美味村抗毒记

图6-35 黄心漪 肺活量锻炼

技能训练

课外练习：1. 参考教材中的身体锻炼类玩教具图片，进行制作。2. 设计并制作一件健康领域玩教具。

练习要求：身体锻炼类玩教具所用材料必须符合安全性要求，要在结实耐用的基础上加强外观设计，符合幼儿审美。

二、语言活动玩教具

幼儿园语言教育活动目标：乐意与人交谈，讲话礼貌；注意倾听对方讲话，能理解日常用语；能清楚地说出自己想说的事；喜欢听故事、看图书；能听懂和会说普通话。

幼儿期是口头语言发展的最佳时期，也是个体一生中词汇增加最快的时期。不论在专门的语言教育活动还是渗透性的语言教育活动中，提供适当的玩教具，如头饰、面具、手偶、情景道具等，均可以提高幼儿兴趣和注意力，帮助幼儿更好地理解故事、儿歌内容，更专注地投入游戏中去。

图 6-36　手偶

图 6-37　面具

图 6-38　电视　　　图 6-39　故事围裙　　　图 6-40　《好饿的毛毛虫》绘本讲述配套道具

（一）面具、头饰的设计与制作

面具、头饰有多种形式，面具有半脸面具、全脸面具等，头饰有头盔式头饰、额顶头圈式头饰、发箍式头饰等，可以使用卡纸、报纸、海绵纸、绒布、不织布、毛线、泡沫、蓬松棉等多种材料制作主体。

1. 面具的设计与制作

面具的造型可参考动画角色或简笔画，一套头饰中，不同角色的造型风格应尽量保持一致。当需要创作形象时，可参考以下醒狮面具的设计步骤。

图 6-41　　　　　　图 6-42

图 6-43　　　　　　图 6-44

醒狮面具制作步骤

（1）收集醒狮照片或相关图片，在进行简化后，绘制设计图。设计过程中应尽量详细地考虑层次和细节，并以文字或图形标出。如果设计比较繁琐，可先以纸浮雕形式试做。

（2）手绘图纸，定稿。

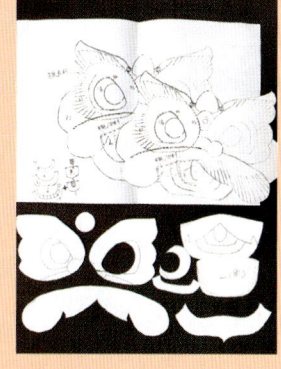

（3）按照设计图将零件纸样剪切好，再按照纸样剪切不织布。

（4）将不织布零件按照设计图中的针法设计分别组合在一起。

（5）零件拼贴。

（6）按照先下后上的顺序将所有零件固定在面具底部的醒狮轮廓上。

（7）在面具两端缝合固定松紧带，高度在眼部位置较为适宜。

图 6-45

图 6-46

图 6-47

图 6-48

101

2.头饰的设计与制作

头饰的形式多种多样,额顶头圈式头饰的制作最为简易(图6-49、图6-50),可在短时间内迅速制作完成。角色形象可以用纸浮雕或打印剪切后过塑的方法制作,也可以在手工活动中让幼儿自行设计制作。

发箍式头饰可利用发箍便于佩戴的特点,在上面固定动物耳朵和角,可采用绒布缝制、毛线钩织等形式制作。(图6-51)为了让动物形象更生动,可制作动物脚爪、尾巴等配合使用。(图6-52)

头盔式头饰适合采用形态较大、样式夸张的形象来制作,造型更多变。(图6-53至图6-55)常见的制作方法是:

(1)将气球吹成跟佩戴者头围差不多大后系紧,用笔将头盔范围标记出来。

(2)用白乳胶将碎报纸或厨房用纸贴在气球上,使其均匀覆盖头盔位置。待干透后可再贴一层适当加厚。

(3)如需特殊造型,如天线宝宝头顶的天线或者青蛙头顶的大眼睛等,可将揉皱成团的报纸用透明胶固定在头盔相应位置后,再用碎报纸或厨房用纸粘贴覆盖。

(4)等完全干透后,将气球放气,用剪刀修剪头盔边缘,做成想要的形状。

(5)用丙烯颜料上色,绘制装饰图案。也可粘贴亮片等装饰物或珍珠棉来丰富质感。

(6)在头盔两侧下方边缘打孔,固定松紧带。

也可使用棒球帽、毛线帽,直接在上面以缝制或粘贴的形式制作头饰。

图6-49

图6-50

图6-51

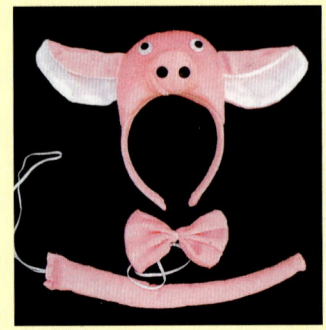
图6-52

图6-53

图6-54

图6-55

手偶制作步骤

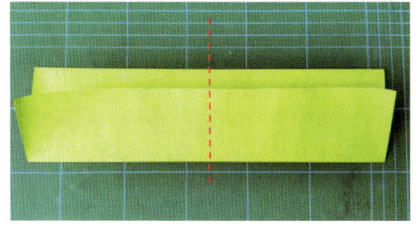

（1）将纸按宽度三等分向内折后，沿中线向后折。

（2）将纸按虚线位置折，背面重复，做出纸偶身体。

（3）做出手偶的眼睛和舌头等部件。

（二）手偶的设计与制作

手偶活跃于各大儿童电视节目中，有时甚至充当主持人的角色。它的操作方式较为简单，靠手掌、手指来控制玩偶的嘴巴、眼睛等，让它栩栩如生。幼儿园中常见的还有戴在手指上的指偶和简单的提线木偶。可用于制作手偶的材质五花八门，如纸、布料、毛绒、木头、橡胶、软陶等。

1.纸材料手偶

可以折纸形式制作手偶，方法简单便捷，做法如图。

参考以上做法，可以制作不同造型的动物纸偶，如图6-73，也可使用折纸、纸盒、纸杯、纸袋等进行剪切拼贴制作。

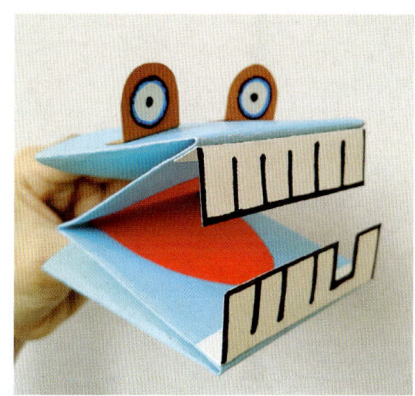

图 6-56

（4）粘贴舌头和眼睛，即可使用。

图 6-57

2. 布艺手偶

布艺手偶结实耐用，制作较为简单，在设计制作时应注意造型风格要统一，制作材料可选择不织布、绒布、手套、袜子等。一个有趣生动的布艺手偶不仅仅要正面精细美观，背面也应有细节体现，如动物身后的花纹和尾巴、人物背影的头发、服装均不能省略。在设计时，可给手偶增加玩法，如可摘下来的帽子、可穿脱的小马甲等，使玩偶角色更具有趣味性。（图6-58至图6-65）

图 6-58

图 6-59

图 6-60

图 6-61　姜涵玉

图 6-62　黄婉

图 6-63

图 6-64

图 6-65

技能训练

课外练习：1. 制作动物面具、头盔式头饰各一件。2. 以小组为单位，为完成一个故事讲述制作不同角色的手偶。

练习要求：面具、头饰应便于佩戴，形象生动有趣；手偶除了外形设计要风格统一，还应注重其可操作性，尺寸合适，戴上后大拇指和小指可配合做出各种动作。

3. 提线偶

幼儿园中使用的提线偶一般制作比较简单，晃动操纵杆玩偶便会做出动作，带给孩子与众不同的趣味。提线偶的造型和制作材料不拘一格，玩偶本身可以是平面的，也可以是立体的。操纵杆可使用两根木棒垂直交叉，固定中点。将中点与玩偶主体以线连接，两根木棒端头分别用线与玩偶腕部或脚踝连接。连线太长太细会容易缠绕在一起，建议使用较粗的毛线、风筝线或手绳编织线。使用时手握其中一根木棒的一端，转动手腕，垂直的木棒扯动连线操纵玩偶的四肢晃动。（图6-66至图6-69）

制作过程中注意以下两点，玩偶才能做出明显动作：（1）应用较短的线将玩偶的主体与操纵杆相连，四肢用较长的线，调整连线长度达到最大动作幅度后固定；（2）玩偶主体和手脚不能太轻，玩偶胳膊、腿应用粗线、绳子等柔软的材料制作。

4. 简易皮影

属于人类非物质文化遗产的皮影戏已经有两千多年的历史，一个皮影人偶，要用五根竹棍操纵，艺人手指灵活，常常使观众眼花缭乱。在幼儿园中使用时，要将操纵杆简化，以适合幼儿操纵。皮影玩偶形象一般取侧面造型，四肢关节用双脚钉固定，操纵杆可固定在玩偶手腕处。（图6-70、图6-72）

幕布可使用白纱布、半透明塑料或宣纸，将其固定在纸箱上，使用手电打光投影。（图6-71）

图6-66

图6-67

图6-68

图6-69

图6-70

图6-71

图6-72

（三）情景道具的设计与制作

为再现故事、诗歌等场景，可制作平面或立体的情景和角色道具，放置于桌面或以故事围裙的形式穿戴起来，使故事、诗歌更为生动，更易于幼儿理解和掌握。

设计情景道具要点：

1. 为增加道具玩法，讲述多个故事，场景中的房子、树木、桥梁等可设计成活动式，在不同故事中添加撤换。例如，图6-73至图6-75均可讲述"三只小猪盖房子"的故事，图6-74中的动物用不织布制作，更结实耐用，而图6-75中增加了人物角色，则可讲述多个故事或用于故事创编，提高了作品的可玩性。

图 6-73

图 6-74

图 6-75

图 6-76

图 6-77

图 6-78

2. 情景道具中的角色可制作成手偶、指偶、棒偶等，造型风格应统一。

图6-79、图6-80中故事围裙的作者在设计过程中为了增强作品的开放性，利用围裙布料柔软的特点，将一整块长方形布料的一面作为幕布，可以挂在白板上；幕布折叠后用纽扣固定，可以作为围裙使用。

还有一种趣味故事讲述的方法如图6-81，将故事图像拼贴成长卷，用手转动"电视"两端的把手更换图片，"播放"故事画面。

图 6-79

图 6-80

图 6-81

三、科学活动玩教具

幼儿园科学教育活动目标：对周围的事物、现象感兴趣，有好奇心和求知欲；能运用各种感官，动手动脑，探究问题；能用适当的方式表达、交流探索的过程和结果；能从生活和游戏中感受事物的数量关系并体验到数学的重要和有趣；爱护动植物，关心周围环境，亲近大自然，珍惜自然资源，有初步的环保意识。

（一）科学探索活动玩教具的设计与制作

科学探索活动玩教具涉及生活中常见的力、声、光、电、磁等现象，通过观察和操作，帮助幼儿理解其中的科学原理。

1. 力型玩教具

常见的体现弹力、重力、摩擦力等相关原理的玩教具，有回力小汽车、不倒翁、拉拉球等。在设计制作有关"力"的玩教具时，应多用生活中常见的材料，设计简单、操作性强的玩具更能激发幼儿的探究欲望，使其从操作中获得经验。（图6-82至图6-87）例如图6-88中的玩教具，均采用回收材料制作，制作简单，但是蕴含多种交通工具的动力原理。再例如，在设计关于"弹力"的玩教具时，玩法可以千变万化，全靠对橡皮筋和气球等材料的灵活利用。（图6-89至图6-92）

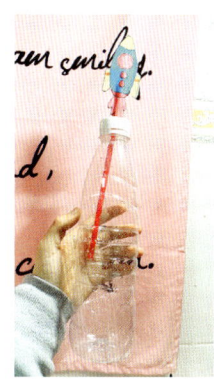

图6-82　压力飞船　李梦婷

图6-83　不倒小帆船　牙艳兰

图6-84　宇宙旅行　吴琳烨

图6-85　神奇滑道

图6-86　猫捉老鼠

图6-87　昆虫赛跑

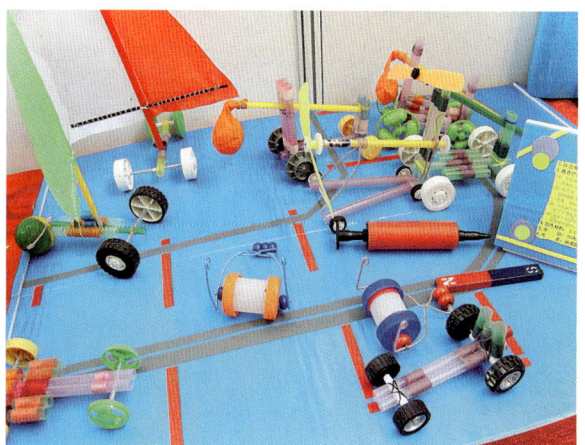

图6-88

图6-89　黄心嵛

图6-90　牙艳兰

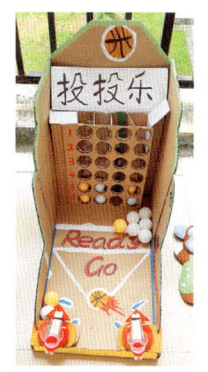

图6-91

图6-92　吴琳烨

107

2.声音类玩教具（图6-93至图6-95）

声音类教学活动多以实验形式进行，教师需要准备丰富的实验材料。手工制作的声音类玩教具常见的有：绳子电话、听觉配对筒等。图6-95是为了使声音振动实验更为有趣而设计的小怪物外形，在制作玩教具的过程中，除了要保证用途，有趣的外形会更吸引幼儿进行探索。

3.光影类玩教具（图6-96至图6-100）

与光学原理有关的玩教具可以简单分为：聚散光类（凹凸透镜、三棱镜、万花筒、哈哈镜等），折射类（潜望镜、望远镜等），以及光影类（皮影、棒偶等）。在制作光影类的玩教具时，除了要体现一定的光学原理，还可考虑从增加玩法上进行设计，如图6-96中用连贯镂空的图案制作的投影玩具，可以应用于讲述活动；图6-97则模仿老式电影播放，可以投放在角色扮演区和语言区。

图6-93　听觉配对

图6-94　滕倩羽　声音振动　　图6-95　蓝苑萱　声音振动

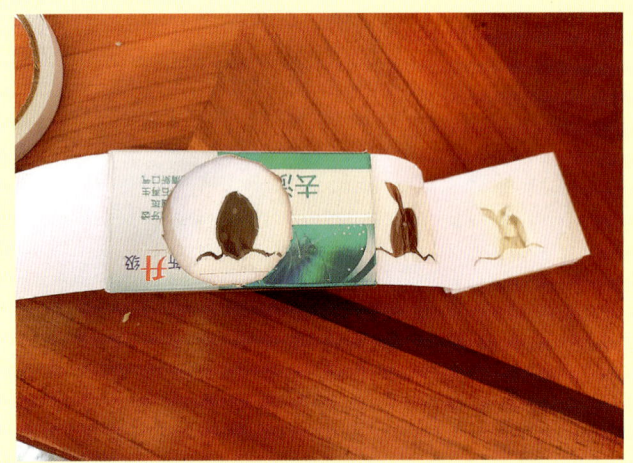

图6-96　李明婕　光影故事

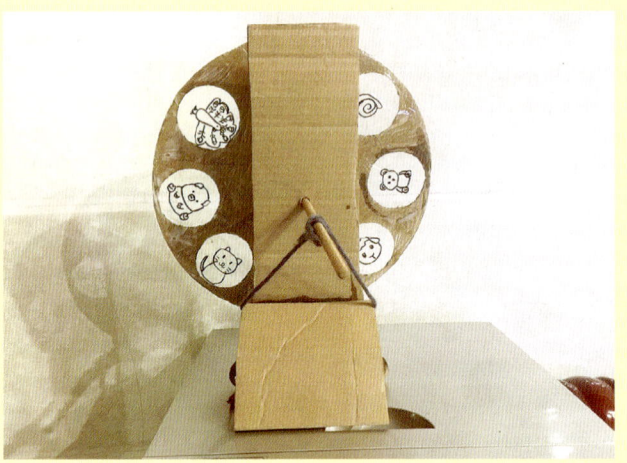

图6-97　梁琼艳　放电影

图6-98　万花筒

图6-99　哈哈镜

图6-100　滕倩羽　光影

4.电、磁类玩教具（图6-101至图6-103）

出于对安全性的考量，一般自制跟电有关的玩教具，主要利用静电和电池，也可利用电磁原理设计简单的玩具。磁铁常用于制作"钓鱼"，也可以作为小车移动的动力，还可以用来制作桌面情景玩教具中移动角色的"魔法"。

（二）科学认知活动玩教具的设计与制作

科学认知活动涉及自然知识和生活常识，如动植物特性和分类，时间的概念和四季的特点，交通工具、通信工具、生活用品用途等，此类玩教具常投放在益智区。在设计与认知相关的玩教具时必须考虑幼儿的年龄特征和认知特点，难度适当，应在设计过程中充分收集资料和素材，力求作品科学、严谨。例如，在设计"投喂小动物"玩具时，可选择幼儿喜爱的有代表性的动物（食肉、食草、杂食动物），而食物则应该种类丰富，并且随着幼儿能力的增强，应投放更多的食物材料，使游戏升级，同时增强教学的延续性。在投喂的方法上也可以进行难度变化，如小班幼儿可使用勺子、镊子作为工具，而中大班幼儿则要使用筷子。（图6-105、图6-106）

图6-101 磁力钓鱼

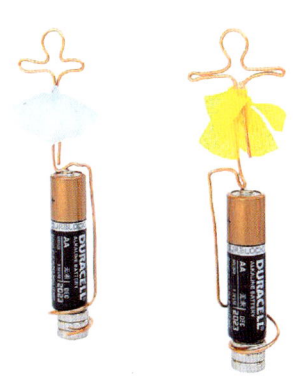
图6-102 芭蕾舞娃娃

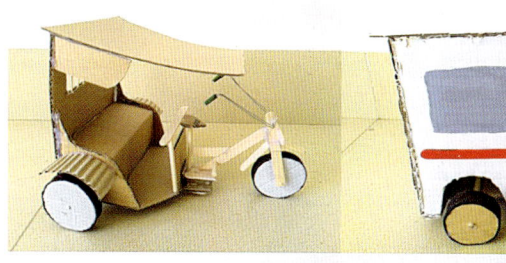

图6-103 交通工具

图6-104 辘轳 闫连红

图6-105 投喂小动物

图6-106 投喂小动物

（三）数学活动玩教具的设计与制作

幼儿园数学教学内容主要涵盖：数的概念、量的概念、图形、时间、空间、方位等。为了使幼儿能够理解抽象的数学概念，愉快地接受学习任务，数学活动玩教具的外形设计应采用鲜艳明亮的色彩，幼儿喜欢的图案，可爱的动物、人物造型等。数学活动玩教具的操作性要强，让幼儿在动手过程中动脑，反复实践。

在蒙台梭利教具中，有大量关于数学学习的教具，如数棒、串珠棒、数字拼版、圆柱体、图形嵌板、图形构成等，可结合教学需要参照其形式制作教具。为增加趣味性，可从外观上进行修改，如提供数量不一的小动物供幼儿点数，让幼儿找出数量相同的品种。还可改变游戏规则，制作情境道具，使玩法增加，利用实物进行加减法练习。值得注意的是，学前儿童对于序数和总数的概念容易混淆，所以在制作与加减法相关的玩教具时，必须考虑学前儿童的认知特点。如图6-114中手指上的数字，总数和序数的概念不清，有可能会产生误导。图6-115中的转盘为随机设置算数加减法，有趣味性，但是要考虑到减法时有可能会出现如"4-5"的情况，且投放在区域的数学活动玩教具如果没有答案对照供孩子自检，保证计算正确，就无法实现"在玩中学"的目标。

图6-107　钓鱼

图6-108　数物对应

图6-109　数学教具

图6-110　图形拼版

图6-111　数物对应

图6-112　比长短

图6-113　骰子赛跑

110

第六模块 幼儿园玩教具设计与制作

图 6-114 手指算算

图 6-115 数学多面箱

图 6-116 兔子吃萝卜

图 6-117 分蛋糕

图 6-118 分美食

图 6-119 数字解锁

图 6-120 按数取物

111

（四）其他益智区常见的玩教具

迷宫、拼图、找不同、色彩配对、图形配对、记忆力训练、找影子、益智棋等都是益智区常见的玩教具。在设计与制作时应考虑到难度变化和延续性，如色彩配对，可以从简单的单色配对，扩展到多色配对、难度更高的多色图案配对等，材质可灵活选取，形式多样更能吸引幼儿的注意力。

图6-121 迷宫

图6-122 迷宫

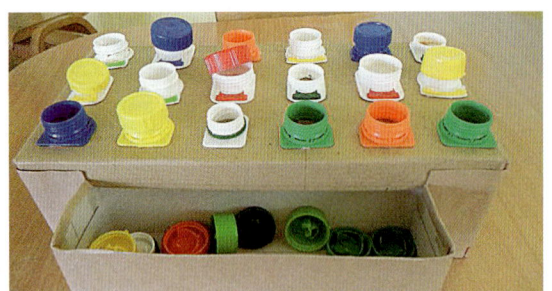
图6-123 找配对

图6-124 拼图形

图6-125 数物对应

图6-126 小动物找衣服

图6-127 找影子

图6-128 图形对应

图6-129 找影子

图6-130 找影子

图6-131 找影子

图6-132 俄罗斯方块

图6-133 旋转拼图

图6-134 色彩对应

图6-135 色彩对应

第六模块 幼儿园玩教具设计与制作

图 6-136　拼图积木

图 6-137　色彩对应

图 6-138　消消乐

图 6-139　益智棋

图 6-140　色彩对应

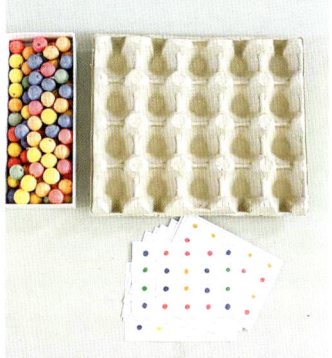

图 6-141　色彩对应

图 6-142　色彩对应

图 6-143　色彩对应

图 6-144　图形对应

图 6-145　色彩对应

技能训练

课堂练习：分析、观察实例图片，找出玩教具中的问题并提出修改建议。

课外练习：

1. 参考教材中的图例，设计制作科学探索类玩教具。

2. 制作数学类玩教具。根据《科学教育活动指导》课程中的数学教学环节，设计有针对性的、具有明确教学目标的玩教具。

练习要求：数学活动玩教具要注重其教学内容和设计的科学性，避免概念混淆。建议在实现教学目标的基础上从改变外观和玩法的角度思考如何增加趣味性。

四、社会活动玩教具

幼儿园社会教育活动目标：能主动地参与各项活动，有自信心；乐意与人交往，学会互助、合作和分享，有同情心；理解并遵守日常生活中基本的社会行为规则；能努力做好力所能及的事，不怕困难，有初步的责任感；爱父母长辈、老师和同伴，爱集体、爱家乡、爱祖国。

开展角色扮演游戏和组织社会活动时，道具和场景可更好地再现各种生活情景，有助于幼儿在模仿和扮演中体会和理解，促进社会性发展。生活情景常见的有家庭、超市、餐厅、医院、十字路口等，在设计和制作的过程中应注重玩教具的可操作性，发掘多种材料和资源，灵活运用。多观察幼儿对玩教具的选择和利用，并通过与幼儿谈话和交流来拓展思路，也可邀请孩子们一起参与玩教具制作。

（一）娃娃屋

家具、电器、厨具、餐具、玩偶都可投放在娃娃家中，制作思路应以家庭活动为线索，如做饭、打扫、照顾宝宝等，以"做饭"为例，道具包括灶台、油烟机、锅碗瓢盆、蔬菜水果等。制作材料要选择结实耐用的为主，家具和电器如柜子、娃娃床、冰箱、洗衣机等都可以使用纸箱制作，注意添加小细节，如把手、开关、旋钮等，增加操作性。

图6-146 灶台

图6-147 橱柜

图6-148 组合家电

图6-149 糕点

图6-150 水果

（二）超市、餐厅、医院

超市、餐厅、医院都是角色扮演区常见的题材，深受幼儿喜爱。适宜的游戏环境是角色扮演游戏的有力支撑，因此，教师要充分考虑到该区域涉及的环境创设和应投放的材料，及其"工作人员"的职业特点、着装、工具等。一些幼儿园会采用回收的废弃饮料瓶、饼干盒、电磁炉、锅、药瓶、药盒等作为游戏材料，作为补充，教师可以制作收银机、电子秤、火锅、烧烤炉、烤箱、医药箱、血压计、厨师帽、白大褂等。超市和餐厅均应提供品种多样的自制水果蔬菜、糕点小吃、鸡鸭鱼肉等食材，制作材料可使用不织布、海绵、超轻黏土等。还可以设计投放一些材料供幼儿在游戏过程中自行制作，如包子皮、汉堡面包和蔬菜、肉饼夹层、烧烤食材等，图6-157中的汉堡用不织布制作，夹层上有魔术贴，起到粘贴固定的作用。

第六模块 幼儿园玩教具设计与制作

图 6-151 餐厅

图 6-152 烧烤

图 6-153 糕点

图 6-154 火锅

图 6-155 日式料理

图 6-156 西餐

图 6-157 汉堡包

图 6-158 日式点心

图 6-159 医疗器具

图 6-160 医药箱

图 6-161 医院

115

（三）其他形式的玩教具

在制作小型的娃娃屋、商店、停车场、农场时，注意场景中的家具摆设、生活用品、商品、门窗、玩偶动物等均要可移动，也就是要具有可操作性。如果主体是房屋，则房屋顶部应设计成可以取下或侧面墙壁应设计成可以打开。

图 6-162　宇宙飞船

图 6-163　娃娃屋

图 6-166　娃娃屋细节

图 6-164　娃娃屋细节

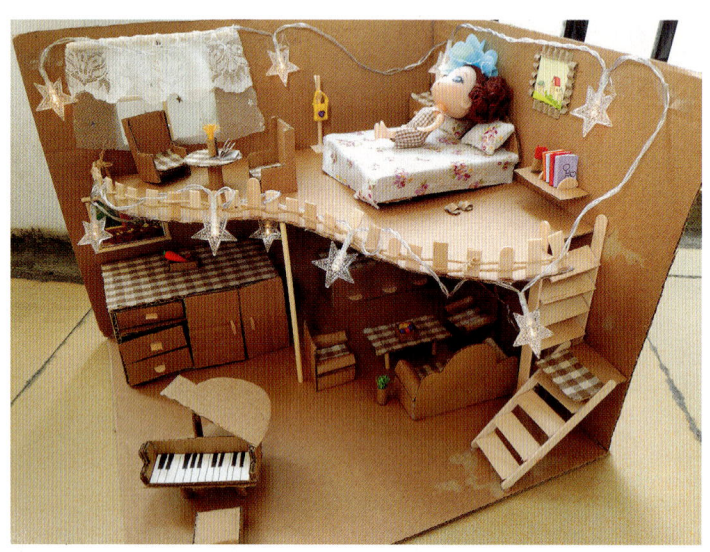
图 6-167　娃娃屋

图 6-165　娃娃商店

图 6-168　农庄

图 6-169　农庄细节

技能训练

课外练习：以小组为单位，制作娃娃屋中厨房所需配备的用品和电器。

练习要求：注意同组作品比例协调，实用，可操作性强。

图 6-170　娃娃屋

图 6-171　娃娃屋细节

第六模块　幼儿园玩教具设计与制作

图 6-172　娃娃屋

图 6-173　娃娃屋

图 6-174　航母

五、艺术活动玩教具

幼儿园艺术教育活动目标：能初步感受并喜爱环境、生活和艺术中的美；喜欢参加艺术活动，并能大胆地表达自己的情感和体验；能用自己喜欢的方式进行艺术表现活动。

美术活动中使用的玩教具一般以低结构材料为主，艺术领域玩教具常应用于音乐和表演活动中。考虑到自制乐器的趣味性，设计时要避免只是简单的外形模仿，注重可操作性，也就是要能发出声响，有音阶变化，如铃鼓、沙锤、响板等打击乐器，及排箫、音乐瓶等。自制乐器可以丰富音乐活动的形式，表现民族特色，如图 6-175 的"手鼓"，是极具民族特色的乐器。此外还可以设计简易的乐器带领幼儿共同制作，如响板、铃鼓等（图 6-176 至图 6-178），有利于提高幼儿艺术活动参与度。为增加表演活动的趣味性，教师可以制作服装道具等供幼儿穿戴和使用。

图 6-175　李思桦　手鼓

图 6-176　小怪物响板

图 6-177　李思桦　布艺铃鼓

图 6-178　布艺铃鼓

图 6-179　吉他

117

图6-180 吴琳烨 布艺铃鼓

图6-185 乐器套装

图6-181 手敲琴

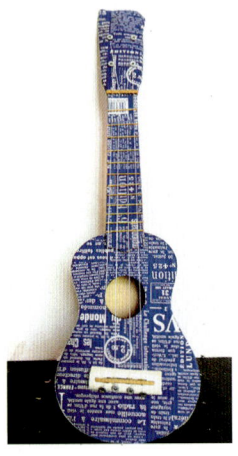

图6-182 吉他

图6-186 壮族头饰

图6-187 壮族头饰、围裙

图6-183 手摇铃

图6-184 奶牛沙锤
滕倩羽

技能训练

课外练习：

1. 以个人为单位，制作乐器一件。
2. 以小组或个人为单位，制作表演活动的服装和道具。

练习要求：乐器在美观的基础上必须能够发声；为保证实用性，作者需穿戴所制作的表演活动的服装和使用道具进行介绍。

图6-188 小公主饰品盒

第七模块　环境创设

🔊 **训练描述：**

　　为适应学前教育教学的实际环境需要，本训练采用实践训练的方式，把实践场景与创设意识相融合，从创设的构思到应用，进行了全面细致、深入浅出的讲述，并配以大量的实例，使学生既可以临摹制作，又能从中学会创设的方法。本训练内容既适用于各类院校的幼儿园环境创设教学，也可以作为幼儿园教师进修提高、在实际的工作中可以方便应用的好参考。

🔊 **训练目标：**

　　1.学习幼儿园环境创设的原则，掌握幼儿园环境创设的设计制作方法。培养学生对幼儿园整体环境创设的人文设计意识。

　　2.了解幼儿园活动单元中各个活动环节的创设构成，掌握活动单元的各个环节中存在的环境创设思路，培养学生整体设计的意识。

🔊 **训练要求：**

　　本训练让学生通过解决环境创设中的主题构思、技法运用、色彩配置、构图处理等基本问题，从而掌握环境创设的设计原则、方法，不断提高他们对幼儿园环境进行创设的能力。

训练一　认识环境创设

一、概述

　　环境创设作为幼儿教育的"隐形课程"，是幼儿成长过程中的无声教科书。幼儿在园区创设环境中会潜移默化地进行观察、联想、解构、重组、创造，这不仅拓展了幼儿的思维空间，而且能使他们得到情感的体验与智慧的启迪。因此，良好的环境创设会创造适合儿童成长的教育环境，有效地促进幼儿健康和谐的发展。

　　环境创设作为综合性艺术，它是绘画、雕塑、壁饰、纸雕、布艺、平面构成、色彩构成等诸多表现形式的大融合。它的布置以画面为主导，它要求创设过程的每一步都应力求解构合理、色彩协调、风格独特、制作精细，使幼儿审美情趣初步萌发。它根据幼儿的需求和兴趣、教学要求及教师的正确指导，通过师生的共同活动，不断进行变化，从而满足幼儿成长的需要。

　　总之，环境创设是一门以幼儿身心发展为基础，结合环境材料可能蕴含的教育价值，并运用科学的方法引导幼儿与环境材料相互作用的学科。（图7-1、图7-2）

图 7-1　　　　　　　　　　图 7-2

二、环境创设的设计原则

幼儿园环境是一本立体的、多彩的、富有吸引力的无声教科书。环境创设应以儿童身心发展规律为依据，以儿童兴趣特点为主题，并符合儿童成长的特点。因此，在进行环境创设时应遵循以下设计原则。

（一）教育与知识的统一性

幼儿园环境是幼儿园课程的一部分，在创设幼儿园环境时，要考虑它的教育性，应使环境创设的知识目标与幼儿园的教育目标相一致。幼儿园进行环境创设时可通过直观的表现、生动的展示，达到输送知识的目的，激发幼儿的创造性思维和想象性思维。（图7-3）

图7-3 以健康知识为主题创作的活动区域

图7-4 以"我们的城市"为主题的墙面创设

（二）内容与主题的协调性

根据不同场合选择与之对应的内容，不同的内容创作不同的主题。主题鲜明，不仅易于制作，更能引起幼儿的兴趣，扩展幼儿的经验，丰富幼儿的想象。（图7-4）

（三）形式与色彩的适宜性

环境创设的发展要与当前幼儿身心发展的特点和发展需要相适宜。要创造具有"童心"的形象和明朗、活泼、富有童趣的环境氛围。优美、淡雅的色彩，活泼的造型，都会给人以亲切、舒适、喜悦的感觉，会使幼儿产生归属感。明朗的色彩，活泼的造型，可以使幼儿无忧无虑地快乐活动。（图7-5、图7-6）

图7-5 利用鲜艳的皱纹纸线粘贴的鱼

图7-6 利用鲜艳的卡纸制作的稻田

（四）教师与学生的共创性

环境创设的过程是幼儿与教师共同参与合作的过程。教育者要有让幼儿参与环境创设的意识，认识到幼儿园环境的教育性不仅蕴含于环境之中，而且蕴含于环境创设的过程中。在不断更新幼儿园环境的过程中，为幼儿提供更多的参与活动和表现的机会，这样既可激发幼儿的想象力，又可增强幼儿的自信心，同时培养幼儿的动手能力。例如：在创设幼儿认识各种动物外观的壁画时，可以采用留、变、添、减的方法。在教师制作好动物外观的基础上，让幼儿为自己心中的动物换装。在这个环境创设的过程中，可同时培养幼儿的创造力、想象力和动手操作能力，培养幼儿的参与意识、创造意识、合作精神、集体观念和主人翁精神，增强幼儿的责任感、自信心，使幼儿在创造的过程中感受快乐。（图7-7、图7-8）

图7-7 利用事先制作好的动物框架让小朋友自己给动物换装

图7-8

（五）材料与安全的并存性

制作材料应多样化，给人以新鲜感和真实感。让幼儿接触各种装饰材料、工具，体验各种颜色及其变化，体验颜色的情感表达，从而丰富幼儿的感知觉，引发幼儿想象。可以收集自然界的花草植被、石块、贝壳等进行布置，使幼儿有机会接触这些物品，了解自然，欣赏自然界的美。还可以收集废旧物品、边角料来进行布置，同时可以培养幼儿养成勤俭节约的好习惯。在选择材料时，尽量选择外形比较柔和与圆润的，切忌选择尖锐、突兀、易切割划破的。制作材料不能有污染和危害性。（图7-9至图7-11）

图7-9 利用一次性餐盘制作的环保树

图7-10 利用废弃的玻璃瓶、纸箱、罐子等进行创作

图7-11 利用毛线和卡纸制作的保暖主题创设

技能训练

课堂练习：观察、分析所看到的实例图片。

练习要求：合理运用环境创设的设计原则的每一项内容对图片进行观察分析，并写出自己的感受。

训练二 环境创设的常用表现形式

环境创设的常用表现形式有平面的、立体的，有绘画的，也有装饰画的，以及利用废旧材料、自然材料做成画面的等各种形式，结合常用的剪刻纸、装饰画、粘贴画、纸浮雕等表现技法，我们把环境创设的常用表现形式归纳为以下几点：

一、陈列式

陈列式多用于室外。以教师、幼儿的美术作品、手工作品、家庭小制作等为主体，经过贴边框、设计背景的处理，将这些作品展示出来。陈列的方法分为贴、插、挂、摆。（图7–12至图7–15）

图7–12 以幼儿绘画作品制作的活动室墙面

图7–13 展示幼儿绘画作品的活动展架

图7–14 以透明PVC制作的创意花瓶

图7–15 以透明PVC制作的创意装饰画

二、拼贴式

拼贴式多用于室内。以墙面、桌面、门等为底，用各种易加工的手工材料，如：瓦楞纸、白卡纸、薄木板、布、绸缎、泡沫板，经过裁、撕、刻、剪、粘等手法制作而成。通常分为平面拼贴、立体拼贴。（图7–16至图7–19）

图7–16 以平面拼贴法制作的荷塘

图7–17 以平面拼贴法制作的海底世界

图 7-18 以平面拼贴法制作的丰收的稻田

图 7-19 以立体拼贴法创设的桌面小环境

三、悬挂式

悬挂式多用于门、窗、孔洞等开缺位置,或用于空间分隔,在幼儿园环境布置中是非常重要的装饰手法。幼儿园空间悬挂物种类很多,如风铃、风筝、动物灯饰、纸花纸彩、自制玩教具、幼儿作品等;用绳、纸等轻质材料制作成的枝叶、藤蔓等。用废旧材料等制作的作品亦可悬挂。(图7-20至图7-22)

图 7-20 利用废旧材料制作的鱼

图 7-21 利用一次性餐碟制作的艺术墙

图 7-22 活动室中用综合材料创作的面具墙

技能训练

课堂练习:根据所讲内容针对陈列式、拼贴式、悬挂式等表现形式设计制作3件单体作品。

练习要求:作品必须符合环境创设的设计原则。

图 7-23 以入园为主题的练习创设

训练三　环境创设的思路及制作方法

设计思路又叫"设想""创意"，是设计的第一步，是设计作品的灵魂，是制作者关于作品的内容和形式的设想，包括选取题材、确定主题、构图布局和表现形式等。要形成一个好的构思，必须要了解与主题有关的各个方面，必须以幼儿的年龄特点、兴趣和需要作为依据。（图7-23）

一、确定主题

幼儿园的布置，无论是室内还是室外，都是以幼儿的实际生活和所见所感的事物为主要创作题材，为幼儿创设熟悉的、符合心理要求的环境。幼儿往往对不熟悉的环境感到害怕，他们喜爱熟悉的环境。新生入园时，看到自己的照片贴在活动室的墙上，他会认为老师早就认识他，从而减少了恐惧感，能很快融入幼儿园的集体生活中。以师生共同创造为主要形式，采用多种材料，其目的是帮助幼儿加深对事物的感受，扩大他们对生活的体验，了解自己及所生存的自然界。（图7-24至图7-26）

图 7-24　照片墙创设

幼儿园装饰的题材内容大致可分为以下几类：

（一）以幼儿生活为主的题材。如幼儿在家中与爸爸、妈妈在一起的情景，在幼儿园的校园生活场景等。

（二）以科学、生活常识为主的题材。如色彩秘密、垃圾分类、保护环境等相关小知识。（图7-25、图7-26）

（三）以各种人物、动物、植物造型为主的题材。（图7-27）

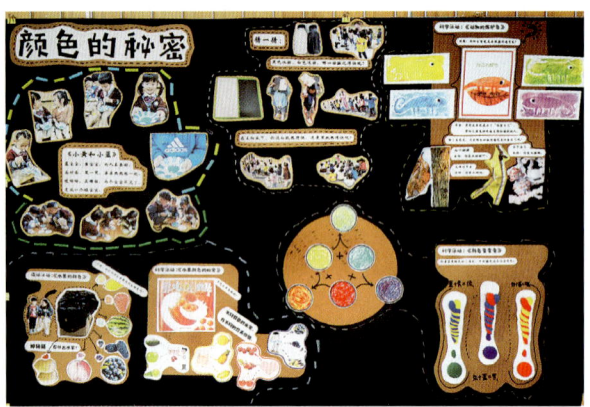

图 7-25

图 7-26

图 7-27

（四）以特殊日子为主的题材。如生日、入园日、儿童节、春节等，可以以人物的造型或小动物的造型进行创作。（图7-28、图7-29）

（五）以童话、神话、民间故事为主的题材。如《小猫钓鱼》《猴子捞月亮》《白雪公主和七个小矮人》《小美人鱼》等。（图7-30）

图 7-30

图 7-28

图 7-29

（六）以培养幼儿能力，与幼儿进行互动为主的创作题材。（图7-31）

图 7-31

二、选择表现手法

（一）形象设计

形象设计是幼儿园装饰的重要内容。它以直观的造型来表达特定的主题，创造出富有幼儿个性并深受幼儿喜爱的艺术形象。造型上，应以稚拙、简洁为主要表现特征。圆浑、敦实、稚拙、简洁的形象最能吸引幼儿，将物象简化，或将某局部进行夸张变形，以物喻人、拟人，这些表现都与幼儿的认识特点相类似。常用的设计手法有拟人法、几何形法、夸张法、象征法等。（图7-32至图7-35）

图 7-32　拟人

图 7-33　几何形

图7-34 夸张

图7-35 象征

（二）色彩运用

在设计构成的诸要素中，色彩也许是最重要的一个要素。色彩装饰艺术在幼儿园装饰上的运用，主要是为了增加造型的活泼感，使之与幼儿好动、富有生气的特性相吻合。特别是鲜艳、明亮的色彩最能表达幼儿的情感。但应注意色彩的装饰艺术在整体画面造型上不能喧宾夺主、不能孤立地表达自我，而应与画面造型相辅相成，融为一体，共同创造完美的装饰个性。

运用色彩时应注意以下原则：

1.色彩的应用要使人感受到美。要通过色彩的合理应用，启蒙幼儿的审美趣味，使幼儿初步懂得什么是美。在幼儿园环境装饰设计中，应以色彩艳丽的纯色为主，图画色泽宜单纯、接近自然，这样的色彩可以使幼儿产生丰富的想象。绿油油的草原、蔚蓝的天空、洁白的云儿，这些源于自然的单纯的色彩，易于幼儿接受和理解，便于他们欣赏、借鉴和表现。幼儿喜欢明亮的色彩对比，他们可以从中感受到色彩变化所带来的愉悦。在为幼儿创造色彩对比的同时，应考虑画面的整体美，采用较大浅色块支撑，使画面的局部美和整体美相辅相成，和谐统一。这样可以使幼儿园的环境设计更贴近幼儿的心性，更美观协调，更具艺术感。（图7-36）

2.色彩的使用应当与当地气候相适应。如在气温较高、日照多、空气透明度大的季节，不宜过多使用暖色，宜使用浅淡的冷色调或中间色，使人有放松、舒适的感觉。而在天气寒冷、日照少、室外光照度低、空气透明度小的季节，应选用暖色调为宜，且应使用亮度较高的色彩。

3.色彩选择要概括简练，组织适当。色彩效果的优劣，取决于色彩的选择与组合是否适当，运用是否巧妙。用色太多会相互抵消，抓不住幼儿的注意力。从视觉体验来说，单纯明确的色彩形象更容易加深人的印象。（图7-37）

4.色彩的使用应与周围环境相适应。将色彩与采光配合，创造出一种舒适的环境，使其产生良好的视觉效果。（图7-38）

（三）构图

幼儿的年龄及认知水平决定了他们喜欢关注一些简洁、明快、单纯、可爱的造型。所以，在环境创设的构图上要力求饱满、概括、主体突出。（图7-39）

图7-36

图7-37

第七模块 环境创设

图 7-38

图 7-39

技能训练

课堂练习：根据所讲的内容进行环境创设的构思练习。

练习要求：主题自定，以绘制草图的形式在A3纸面上绘制出自己的创设方案，并附带200字左右的文字说明。文字说明要体现自己创设方案中的表现主题、表现方法、主体色调、构图形式等。

三、活动室环境创设过程

环境是为主题而创设的，而主题必须依靠环境才能更深入、更具体地开展。结合本次创设的主题"幼儿园美术活动室创设"，我们需从以下几个方面来进行环境布置。

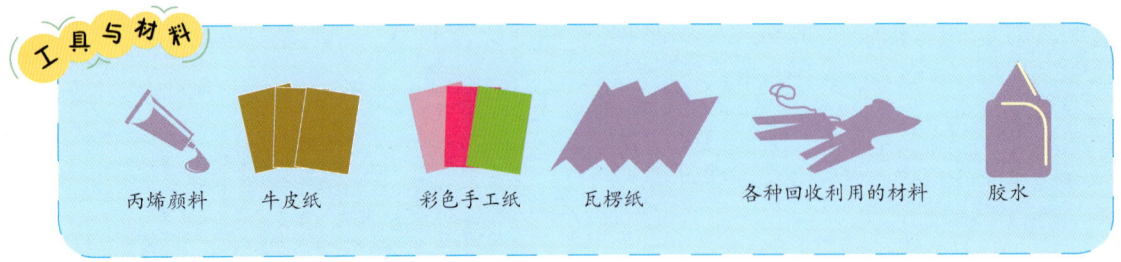

具体制作步骤

1.主题墙饰设计制作

（1）在主题墙中央采用平面粉饰法布置大树。

（2）画上小动物进行装饰。

（3）利用幼儿收集来的废旧物品，如废纸盒、绳子等对树体结构进行丰富。

（4）对幼儿美术作品进行处理后，采用悬挂式的方法进行布置，最终做出主题墙的效果。

2. 侧面墙设计制作

（1）对墙面进行形体定位。

（2）选择并绘制图案。

（3）对图案进行着色处理。

（4）完成效果。

3.角落设计制作

分配活动室室内空间,如静物区、绘图区、作品陈列区等。

4.装饰设计制作

(1)作品的挂件。　　　　　　　　　(2)空间的分隔装饰。

5.完成效果展示

训练四　环境创设的分类及特点

幼儿园环境创设主要包括活动室墙面创设、活动区域分配、室外装饰环境创设等。作为幼儿教师，在环境创设的过程中要有整体规划意识。从美学的角度来看，空间和物体之间、物体和物体之间、墙的面积大小与装饰物之间都要注意整体关系，比例要恰当，色彩要和谐。现在我们分别介绍每一部分的环境特点及布置方法。

一、活动室墙面创设

活动室是幼儿室内活动、学习的主要空间，也是幼儿园环境装饰的重要部分。活动室的装饰首先是墙面的设计装饰。（图7-40、图7-41）

图7-40　小班活动室创设实景

图7-41　中班活动室创设实景

（一）进行活动室墙面创设时可以将之分成主墙面、侧墙面、问题墙面三块来区别处理

1. 主墙面。活动室的主墙面一般是指教室里面积较大、墙面较整齐的墙体，也可以根据教室的具体情况把采光、地理位置较好的墙体作为主墙面。主墙面是最吸引幼儿注意力，也是幼儿最喜欢的墙面，所以主墙面的装饰要突出主体、富有寓意、构图饱满均衡、形象可爱、色彩协调。

2. 侧墙面。除主墙面之外，还有一些面积较小或位置较偏的墙面，在进行布置时，可以以创设互动墙饰为主。这样的墙饰是孩子们表达感情、表现能力、个性得到发展的天地，因为那里有他们自己的照片、作品以及自己的想法。当然，记录幼儿学习过程的方式是多种多样的，孩子们收集的图片资料、一些实物以及小制作、废弃物等，都可以布置在墙面上。

3. 问题墙面。有些墙面上会有管道、门窗、消防栓等，这些物体会影响布置的效果，此时教师应灵活安排，巧妙地将这些物体隐藏在墙饰设计中。

（二）在活动室墙面创设过程中根据创设对象的不同进行区别处理

1. 小班活动室墙面环境创设

特点：小班幼儿正处于认知的启蒙阶段，身体的协调性、各感观的协调能力比较差，而且好奇心特别强。因此小班的环境创设主体应该以活泼的形象、简单的造型、内容明确的墙饰为主，从而引发幼儿的好奇心。

内容：认识动植物、生活习惯介绍、季节变化、游戏活动、简笔画等。

案例赏析：以春天及动植物为主题，黄绿色系的小班活动室环境创设。（图7-42至图7-47）

小班活动室的环境创设

图7-42　选择春天的元素作为主墙面的装饰

图7-43　选择春天的事物作为侧墙面的装饰

图7-44　选择小鸟作为墙面的装饰

图 7-45 面积较小的侧墙面为知识墙面

图 7-46 把侧墙面装饰成知识树

图 7-47 把问题墙面设计为测量身高的长颈鹿

技能训练

课堂练习：根据所讲的内容进行幼儿园小班墙面环境创设的构思与制作练习。

练习要求：1.主题自定，以绘制草图的形式在A3纸面上绘制出自己的创设方案，并附带200字左右的文字说明。2.以半开的卡纸为假设墙面，按预定方案制作。

2.中班活动室墙面环境创设

特点：中班幼儿具备了一定的动手能力，脑部思维也得到了开发，因此可设置一定的幼儿参与的创设设计内容，为幼儿增加一些局部表现和与同伴合作的空间，创设互动墙饰。

内容：行为规范、品德教育、名胜古迹、自然风光、童话故事、儿童美术、民间艺术、节日、职业介绍、交通工具、植物花卉、生活环境介绍、亲人关系等。

案例赏析：以圣诞节为主题，蓝色系的中班活动室环境创设。（图7-48至图7-53）。

中班活动室的环境创设

图 7-48 选择圣诞元素作为主墙面的装饰

图7-49 选择向日葵元素作为辅助墙面的装饰

图7-50 把侧墙面设计成圣诞主题的作品的展示墙面

图7-51 把侧墙面设计成圣诞主题的作品的展示墙面

图7-52 把问题墙面设计成圣诞小物件挂饰墙

图7-53 以圣诞老人为主体设计的侧墙面

技能训练

课堂练习：根据所讲的内容进行幼儿园中班墙面环境创设的构思与制作。

练习要求：1.主题自定，以绘制草图的形式在A3纸面上绘制出自己的创设方案，并附带200字左右的文字说明。2.以半开的卡纸为假设墙面，按预定方案制作。

3. 大班活动室墙面环境创设

特点：大班幼儿思维能力发育较为完善，具备一定的抽象思维能力，对一些事物与问题乐于探究，因此大班环境创设应设置更多具有挑战性的活动任务，不断激发幼儿学习和探索的欲望。

内容：品德教育、科学知识、历史知识、环境知识、科幻内容、民俗民风、中外美术名作、民间艺术、儿童美术、名胜古迹、特产、节日、爱祖国、爱家乡、爱集体等。

案例赏析：以环保为主题的大班活动室环境创设。（图7-54至图7-57）

大班活动室的环境创设

图7-54 以城市环保为主题的环境创设

图7-55 以城市环保为主题的环境创设

135

图7-56 把侧墙面设计成环保愿望树墙面　　图7-57 把侧墙面设计成世界环保展示墙面

技能训练

课堂练习：根据所讲的内容进行幼儿园大班墙面环境创设的构思与制作。

练习要求：1.主题自定，以绘制草图的形式在A3纸面上绘制出自己的创设方案，并附带200字左右的文字说明。2.以半开的卡纸为假设墙面，按预定方案制作。

4.公共活动墙面环境创设

特点：功能多，要遵循幼儿教育原则，遵循一般装饰原则，将安全放在第一位，并满足幼儿身心需求，注重整体风格。

内容：科学知识、生活日常、抽象艺术、幼儿游戏活动、体育运动等。

图7-58 以礼仪知识为主题的公共活动墙面

第七模块　环境创设

图7-59　航天主题活动室的环境创设

图7-60　选择航天航空飞行器等元素作为主墙面的装饰

图7-61　选择云朵与飞机作为墙面的装饰

图7-62　以天文知识为主题的公共活动墙面

技能训练

课堂练习：根据所讲的内容进行幼儿园公共活动墙面环境创设的构思与制作。

练习要求：1.主题自定，以绘制草图的形式在A3纸面上绘制出自己的创设方案，并附带200字左右的文字说明。2.以半开的卡纸为假设墙面，按预定方案制作。

137

二、活动区域分配

多种区域的设置能为幼儿提供更多的学习机会，能促进幼儿多方面的发展。区域要根据教育功能的不同、教室的结构、幼儿活动的需要进行分割设置，在内容上体现教育的全面性、层次性和自主选择性。幼儿可根据自己的兴趣爱好、发展类型、优势区域等进行自主选择。教师在设置过程中应注意以下几点：

（一）活动区域是幼儿园有目的、有计划地充分利用空间为幼儿创设的学习、游戏和自由活动的区域，开展区域活动是实施幼儿个性化教育和主体性教育的需要，是幼儿自身发展的需要。（图7-63）

图7-63 按互动区域划分的幼儿活动室

设计时还应该考虑到空间位置的相互作用与影响。如角色区不宜与操作区相邻而置，动静反差太大，操作区会受到影响。根据幼儿的认知特点，各区域分别设有卡通形象，用来吸引幼儿了解区域的活动内容，幼儿可以按照自己的兴趣和能力自由选择。总之，力求使不同的区域从不同的侧面促进幼儿的认识发展。教室四周的墙面也是幼儿表现的好园地。（图7-63至图7-66）

图7-64 活动室角落区域处理

图7-65

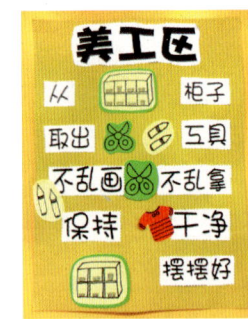

图7-66

图7-67

（二）教室各区域布置的策略：区域的创设最重要的是讲究科学。

1.环境布置要有整体性。要整体考虑教室的设施（门、窗、电源、洗手间、家具等）和区域布置的关系。由于阅读、算数、手工、绘图等学习活动都需要有良好的光线，所以这些区域都适合安排在靠窗的位置。科学、电脑等区域需要用到电，宜安排在靠近电源的地方。在可能的情况下区域尽量安排在教室的四周，中间留有一块空间，作为各个活动区之间的通道，也就是集体活动区。（图7-68）

图7-68　幼儿在活动区域内游戏的情景

2.在布置过程中，要全面考虑安全性，用水用电要分开，以免发生意外。所有的玩具柜均不能高过孩子视线，这样便于儿童清楚地选择活动区。教师要纵观全局，心中有数。（图7-69）

图7-69　活动区域中的幼儿

3.布置讲究区域性,动静区域要相对分开。语言、科学、算数、拼图、电脑等强调个人探索的游戏活动区域宜安排在一起,营造一种比较安静的氛围。其他相对吵闹的区域宜集中安排在一起。安静的区域相对封闭些,容纳的人少;吵闹的区域相对开放,容纳的人多。有些区域贴有小脚丫,以此来控制进区人数;有些区域是以座位来控制人数。有些区域的材料是可以共享的,就放在相邻的位置上。(图7-70至图7-72)

图7-70 生活区域配置细节

图7-71

图7-72

技能训练

课堂练习:根据对幼儿园活动区域的认识,进行幼儿园活动室空间的区域分配。(条件有限的地区可以根据实际情况模拟幼儿园进行环境创设)

练习要求:以某幼儿园当前班级的教学进度情况为前提条件,针对幼儿园活动区域进行有规划、有目的的创设,创设结果必须符合幼儿身心发展的要求。保留创设过程的数码影像以作业形式上交。

三、室外装饰环境创设

幼儿园室外环境创设是幼儿园环境创设的重要组成部分，它反映了幼儿园教育的动向以及幼儿认知、情感、行为等方面的发展情况。

（一）走廊空间环境的创设

1. 走廊采光好的幼儿园，可以在走廊上设置各类橱窗。橱窗的内容可多样化，如：为家长服务的具体项目或带有一定观赏价值的书画、手工艺品，这些艺术品能充分展示幼儿的动手能力。（图7-73）

2. 利用走廊进行科普知识教育。

3. 设置幼儿园教育工作的信息栏，及时与家长进行沟通，了解家长的意见和愿望。在栏目设置上应强调美观大方、朴素自然。版面要有主次，避免凌乱，同时做到按月及时更换。（图7-74至图7-79）

4. 还可以利用走廊设置介绍幼儿园的教学特点。

5. 走廊较宽的幼儿园可以设置游戏区、生活区、阅读区等活动环境，以开架的方法供应材料，与活动室相互配合，满足教学和幼儿游戏的需要。（图7-80）

图 7-73

图 7-74

图 7-75

图 7-76

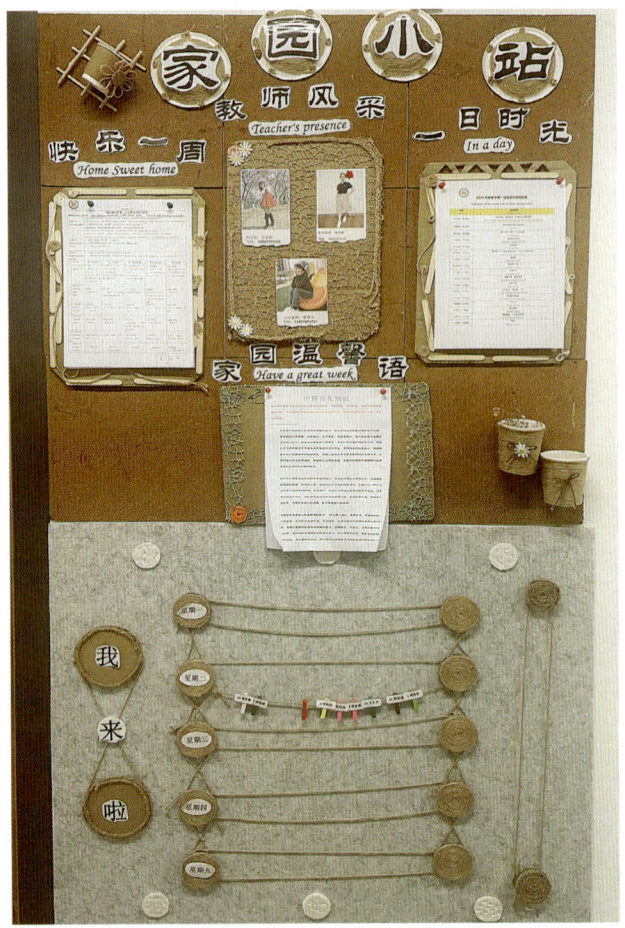

图 7-77

图 7-78

图 7-79

图 7-80

（二）户外活动空间的创设

幼儿园户外环境的创设，是整个幼儿园大环境规划不可缺少的一部分。

户外环境的设置要考虑合理规划出以下活动场地：运动区，包括运动场地及组合运动器械、沙水区；生活区（种花、种菜、养鱼、养兔等）；娱乐区（长廊、凉亭、小木屋等）。各区环境的面积、位置、设施、器材、材料等，都应体现"儿童优先，安全第一"的理念，区域划分要利于幼儿活动，以让各区之间巧妙互通互动，要以充分利用空间开展活动为准。也可就地取材，利用一些废旧物品进行改造装饰。

户外环境是幼儿进行活动的地方，主要的活动有走、跑、跳、钻、爬、平衡、攀登、投掷等大动作的活动，因此，户外环境的创设首先要注意的是安全性。地面以平坦的土地、沙地、草地为宜，适当设置小土丘、小坡地以增添地形的多样性。在户外活动场地中，设置3条以上的跑道，软质地坪最好以草地、泥沙地等自然的材质为主。水泥地等过于坚硬的材质尽量少用为宜。（图7-81至图7-85）

绿化环境是幼儿园户外环境重要的组成部分，好的绿化环境能够激发儿童对大自然的兴趣与热爱，可将幼儿园塑造成充满大自然气息的场所。幼儿园的绿化主要可以通过种植草、灌木、乔木等多种植物，形成高低错落、轮廓多变的小森林。植被要以常绿植物

图 7-82

图 7-83

图 7-84

图 7-85

图 7-81

为主，适当栽种一些四季分明的树木，并点缀不同季节的花卉，营造出颇具特色的户外环境；植被的选择要考虑安全性，不能选择有毒、有刺等容易引发安全问题的植物。幼儿园的绿化是科学性、艺术性与功能性兼具的环境创设，充分利用绿化还可以起到隔离噪声、保护安全、遮阳防晒或划分园区等作用。幼儿园全园绿化率应不小于总面积的30%。（图7-86）

幼儿园的种植区域是孩子们通过亲自播种、观察、照料、收获等活动，了解作物、植物的生长规律和大自然的现象的重要场所。在幼儿园种植园地中，主要以种植各种蔬菜、水果和常见植物为主，可以充分锻炼和提高孩子的动手能力。（图7-87至图7-89）

幼儿园的环境创设对灯光有更高的要求，小朋友进入一个新环境容易出现不适应的情绪，因此在灯光设计上要体现光线柔和温馨、亮度适中的特点，这样孩子能够更快地融入新的环境。在整体的设置上，无论室内还是户外，高于成人房间的灯光亮度为佳，要营造出一个温暖、安全的氛围。适当地布置局部照明，以便于孩子视物，也可运用造型丰富的灯具为环境增添童趣。（图7-90、图7-91）

图7-86

图7-89

图7-87

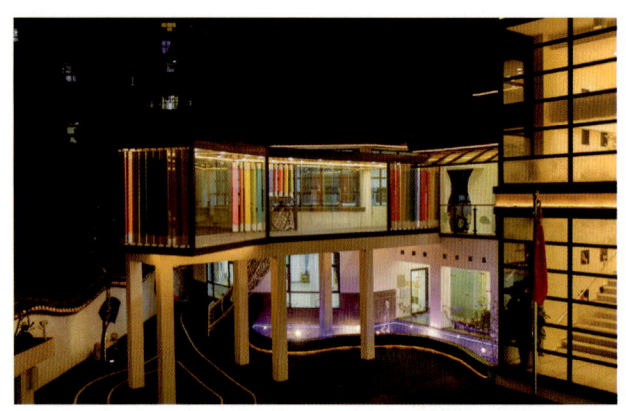

图7-90

图7-88

图7-91

（三）楼梯空间环境的创设

沿着楼梯的墙面，可以设置画廊，悬挂工艺美术品（摄影作品、儿童绘画作品等），这样能增加展示幼儿艺术作品的空间，同时又能有效地点缀楼梯的环境。（图7-92至图7-94）

图 7-92

图 7-93

图 7-94

技能训练

课堂练习：根据对幼儿园室外环境创设的认识，进行幼儿园室外环境的主题布置。（条件有限的地区可以根据实际情况模拟幼儿园进行环境创设）

练习要求：以某幼儿园总体环境为前提条件，针对幼儿园走廊空间、楼梯空间进行有规划、有目的的创设，创设结果必须符合幼儿身心发展的要求。保留创设过程的数码影像以作业形式上交。

后　记

《学前教育专业"十四五"规划教材·美术》是在贯彻落实《关于幼儿教育改革与发展的指导意见》及《国家中长期教育改革和发展规划纲要》要求的基础上，结合当前学前教育专业学生实际和教学特点及幼儿师范院校美术教师教学实践的经验编写而成的。书中关于一线教师的实际教学经验和教学案例分析，可使学生掌握美术教育的操作技能，并能运用于教学实践中。

本套教材，由美术常识、造型基础、色彩基础、简笔画、装饰画、POP与版式设计、儿童绘画指导、儿童绘本、纸工、泥工、布艺、编织、综合材料、幼儿园玩教具设计与制作、环境创设15个训练模块组成。其中的美术常识训练模块由吕敏编写；造型基础训练模块由黄强、王磊编写；色彩基础训练模块由黄强编写；简笔画训练模块由黄荣川、张喆编写；装饰画训练模块由赖兵、王丹编写；POP与版式设计训练模块由潘妍宏编写；儿童绘画指导训练模块由诸葛蔓、吴启益、龚萍编写；儿童绘本训练模块由诸葛蔓编写；纸工训练模块由邢飞凌编写；泥工训练模块由苏丽绚、余文砚编写；布艺训练模块由梁娴编写；编织训练模块由张敏、梁娴编写；综合材料训练模块由李丹、欧龙明编写；幼儿园玩教具设计与制作训练模块由周倩编写；环境创设训练模块由童健、张喆编写。本套教材在编写过程中得到了广西幼儿师范高等专科学校、钦州幼儿师范高等专科学校、崇左幼儿师范高等专科学校、柳州市第二职业技术学校、玉林市第一职业中等专业学校、广西民族中等专业学校、广西幼师实验幼儿园、南宁市第三幼儿园、南宁市青秀区金梓幼儿园、万科梅沙幼儿园·嘉和城分园、南宁市剑桥绘幼儿园、北海市止泊园幼儿园、宾阳县顾明幼儿园、南京建邺实验幼儿园、常熟市实验幼儿园、深圳市明道五园幼儿园、深圳市雅之乐幼儿园的领导、教授、专家及一线教师的关心和支持，他们对本套教材的结构布局、内容选取及作品的创新提出了很好的意见，并提供了参考资料和作品范例；还得到了佳翼国际少儿美术教育机构、广西美术出版社童绘美术馆、沈阳儿童活动中心、沈阳赛尚美术书法学校、沈阳大东区青少年宫提供的大量的优秀技法步骤范图，使得这套教材能够与时俱进，将理论、技法与应用充分结合，更具实践性和实用性。在此一一深表谢意！

本套教材不仅可作为高职高专学校、中等师范学校、中等职业学校（五年制大专）学前教育、早期教育、幼儿保育专业的美术教学用书，也可作为幼儿教育工作者的业务参考书及培训教材。

由于编写水平有限，本套教材难免有不足之处，恳请专家学者及广大师生提出宝贵意见，我们将继续修订与完善。

编　者